U0361531

EARTH TRANSFORMED

CHINESE CERAMICS
IN THE
MUSEUM OF FINE ART,
BOSTON

WU TUNG

抟泥作瓷

波士顿美术博物馆藏
中国陶瓷

【美】吴同 著　丁雨 译

北京大学出版社
PEKING UNIVERSITY PRESS

著作权合同登记号　图字：01-2016-7312

图书在版编目(CIP)数据

抟泥作瓷：波士顿美术博物馆藏中国陶瓷 /（美）吴同著；丁雨译 . — 北京：北京大学出版社，2020.1
（培文·艺术史）

ISBN 978-7-301-30322-1

Ⅰ. ①抟 … Ⅱ. ①吴 … ②丁 … Ⅲ. ①古代陶瓷 – 中国 – 图集 Ⅳ . ① K876.32

中国版本图书馆 CIP 数据核字 (2019) 第 034628 号

中译本据吴同（Wu Tung）英文原著：
EARTH TRANSFORMED（BOSTON: MUSEUM OF FINE ARTS PUBLICATIONS, 2001）
Copyright © 2001 by Museum of Fine Arts, Boston
中国　北京大学出版社　2019
版权为波士顿美术博物馆所有，未经书面许可，本书任何章节及图版均不得以任何形式翻印（书评除外）。

书　　　名	抟泥作瓷：波士顿美术博物馆藏中国陶瓷	
	TUAN NI ZUO CI: BOSHIDUN MEISHU BOWUGUAN CANG ZHONGGUO TAOCI	
著作责任者	[美] 吴同　著　　　丁雨　译	
责任编辑	梁　勇	
标准书号	ISBN 978-7-301-30322-1	
出版发行	北京大学出版社	
地　　　址	北京市海淀区成府路 205 号　100871	
网　　　址	http://www.pup.cn　新浪微博:@ 北京大学出版社 @ 培文图书	
电子信箱	pkupw@qq.com	
电　　　话	邮购部 010-62752015　发行部 010-62750672　编辑部 010-62750883	
印 刷 者	天津联城印刷有限公司	
经 销 者	新华书店	
	889 毫米 ×1194 毫米　16 开本　12.25 印张　200 千字	
	2020 年 1 月第 1 版　　2020 年 1 月第 1 次印刷	
定　　　价	158.00 元	

未经许可，不得以任何方式复制或抄袭本书之部分或全部内容。
版权所有，侵权必究
举报电话:010-62752024　电子信箱:fd@pup.pku.edu.cn
图书如有印装质量问题，请与出版部联系，电话:010-62756370

目　录

馆长序

此书反映经数代东方部负责人不懈地努力，为我馆构建顶尖的中国陶瓷收藏，包括从五千年前的新石器时代彩陶，直至清帝的宫廷御瓷，以及远销欧美的陶瓷器。世人虽久闻我馆藏瓷之精且多，其实，未发表之佳器，为数仍可观，尤其是早年获捐赠的精品，及新近购入的名器，均未及公诸于世。我馆的理监事兼东方部顾问贝丝·施密德（Beth Schmid）夫人，生前力促早日刊行陶瓷卷，使深藏暗库者得一见天日，与世之好陶瓷艺术者，共饱眼福。贝丝·施密德夫人及其家族，在1997年设下专款，留供刊行中国陶瓷新书之需，经东方部、化验部、出版部、摄影部同仁的通力合作，一本精致可观、优雅可读、物美价廉的中国陶瓷新著，得以在波士顿美术博物馆问世。

我在此祝贺新书作者吴同，他是我馆的正力松太郎东方部部长，兼亚、非、大洋洲美术部负责人，吴同的写作笔带幽默，他对陶瓷的精鉴，对读者兴趣的关怀，其用心设想处，充分流露于此书的字里行间。

波士顿美术博物馆

安和格兰姆·甘德（Ann & Graham Gund）馆长

玛尔康·罗杰斯（Malcolm Rogers）

作者致谢

出于对我馆所藏中国陶瓷的爱好，保罗和贝丝·施密德（Paul and Beth Schmid）夫妇生前力主出版未刊的陶瓷精品，以与各地同好共赏。夫妇俩选在东方部成立百年庆之前，于1989年赠款赞助成立中国历代陶瓷陈列室，我馆遂以保罗和贝丝·施密德陈列室（Paul and Beth Schmid Gallery）命名之。施密德夫人对陶瓷情有独钟，参与讨论选入新书的各种作品。施密德夫人见告，其父雷沛鸿博士（1888—1967）从哈佛大学归国倡导教育改革，培育英才，正有如入窑烧瓷，须耐心观察，调整火候，以待佳器之烧成出炉。最后议定的79件入选作品，涵盖中国4500年的陶瓷历史，从史前时代到18世纪，包括两件刚自拍卖行获得，实为不可或缺的宋瓷。这代表过去一个半世纪以来，我馆不懈努力的成果，亦即从建馆之前，直至全稿付印之时。施密德夫人深深觉

得，除闻名的查理士·霍义特（Charles B. Hoyt）1950年的千余陶瓷赠品外，尚有数千精品未曾刊印。我馆甚感施密德夫人的远见与关怀，如今经由本书的刊行，一直被忽略的陶瓷器中，至少一部分有幸得见天日。身为亚、非、大洋洲美术部负责人，我深感施密德夫人对此书出版的慷慨赞助。在刊印过程中，施密德夫人的儿女们也一直全心支持着。

能出版此书，实应归功于我馆各部门的通力合作，作者谨在此向众多馆内馆外的合作者表达衷心的谢意：首先要道谢的是我馆馆长罗杰斯先生，以其英国人背景，及牛津的教育，他对中国陶瓷有特别感情与认识，罗杰斯馆长与管理专业部门的副馆长盖乔尔（Getchell）女士，从开始计划到编写完成，均对此书关注有加。我尤其要向哈佛艺术图书馆的金樱女士道谢，她在我撰写本书期间，贡

献了自己的宝贵研究成果，及对陶瓷作品的精到观察。此外，也特别感谢我馆化验部部长亚瑟·比勒（Arthur Beale），及其部门的苏珊·甘希珂（Susanne Gansicke）与理查·纽曼（Richard Newman）两位专家，他们不但分析化验了所有79件器物，而且更细心加以修复清理，以利摄影部的葛来格·海音丝（Greg Heins）与盖理·鲁旭加（Gary Ruuska）拍摄出最佳效果。我也感谢东方部的助理爱仁·本内特（Erin Bennett）的多方协助，她是大收藏家保罗·博纳特（Paul Bernat）的外孙女。

最后谨在此对大力协助编辑校对此书的诗人玛莎·珀默兰姿（Marsha Pomerantz）女士，表达衷心的敬谢之意，她对文章的构思和遣词用字尤为考究细致，而苏珊·玛尔施（Susan Marsh）对本书清新简洁的设计与编排，令人耳目一新，爱不释手。

瓷吉人祥
——百余年鉴藏中国陶瓷的历程

波士顿所在的美国新英格兰地区，自 18 世纪以来，从中国进口大量陶瓷，也连带催生了收藏陶瓷器的众家族。因对华贸易而致富的家家户户，多少藏有来自遥远中国所生产的外销陶瓷器，间有寻获稀奇品种的，不免争相走告，引以为幸。当 1870 年公投成立波士顿美术博物馆之时，当地许多与华贸易的家族，慷赠数代家藏

的中国进口陶瓷。百五十年后的今日，我馆的美国部，依旧存着满库的中国外销陶瓷，见证了二百年来波士顿输入中国陶瓷的盛况。不过这其间，偶而也出现能代表中国传统美的陶瓷精品，例如，1878 年希佛（Sever）夫人所赠德化窑观音坐像（78.1）即一佳例。开馆十二年后，闻名全美的日本文物收藏家毕格楼（Bigelow）医

生，决定将其一生珍藏的日本文物，全数委托波士顿美术博物馆保管，待成立日本美术部后，他再捐赠我馆。双方议定后，于 1890 年组成全美首家日本美术部，随后果真获赠毕格楼医生的数万件日本文物。此外，他不但为日本美术部物色到名学者主其事 [即后之两位东洋部长：芬若柔沙（东京帝大的美国教授）及其弟子冈仓

莫斯

芬若柔沙

冈仓天心

毕格楼

罗斯

天心（1862—1913）]，毕格楼医生也带动其他波士顿人购藏日本美术，杰出者如莫斯（E. S. Morse），罗斯（D. W. Ross）等等，他们的藏品，日后也加入毕格楼的大收藏，成为我馆日系藏品的主要来源。有趣的是，当冈仓天心考查近八万件日本藏品时，他惊觉在日本文物中，竟参杂了不少来自日本茶道家旧藏的宋元及朝鲜陶瓷、书画、玉、漆诸物，欣喜之余，乃建议改日本部为中国日本美术部，简称东洋部。冈仓不愧为明治时代的名学者，对日本美术固然了如指掌，对中、朝的美术，也同样耳熟能

详，于是从1905年起，我馆正式以东洋部为名（Department of Asiatic Art）。冈仓天心不幸在1913年英年早逝，但他训练出的接班人富田幸次郎，历经二十载实地操作，终在1930年接任为新的东洋部长，至1963年才退休。富田氏虽是日人，所研究的却是中国古代绘画，在其任东洋部长的33年期间，大力收购中国古画，由于经费足，眼力好，不断有惊人的收获，比如，传阎立本《历代帝王图》，即富田氏鼓动罗斯教授出资从纽约购得，再转手捐赠我馆的。罗斯教授也出资购得传为杨子华的

《北齐校书图卷》，及传为阎立本的《文姬归汉》残卷等。同行惊叹之余，戏称富田的部长任期为"富田王朝"。然而能形成所谓的"王朝"，绝非靠几幅名画而已，富田幸次郎尤善于说服众富豪，为提升东洋部的收藏而一掷千金。他结交波士顿豪门如基斯·马克劳德（Keith McLeod）与博纳特（Bernat）兄弟等人，从深厚的交情，再引动日后无数陶瓷精品的入藏东洋部。他所交往的波士顿名收藏家霍义特（Hoyt）先生，更举毕生所收东方陶瓷千余件，于1950年尽数转赠东洋部，富田氏感激之余，专

富田幸次郎（立）和洛基（坐）

为霍义特先生的陶瓷，出版专刊及举办盛大特展会。

富田氏 1963 年退休后，我馆聘荷兰汉学家约庵·方腾博士（Jan Fontein，1927—2017）来主持东洋部。由于"东洋部"之名带有日帝色彩，方腾部长乃改名为东方部。他为东方部增添欧人偏好的中国元明青花瓷，这正是冈仓与富田师生所错失的重要品种。此外，方腾博士也替东方部物色不少新的欧洲赞助人。由于学养通博，领导力强，1975 年经董事会票选，东方部部长方腾博士脱颖而出，出任我馆新馆长。在其馆长任内，屡建奇功，既扩建新馆以增展览空间，又在日本名古屋创立分馆，轮流陈列馆藏各部门名作，借此获得日方数千万美金捐款，引无数博物馆的艳羡及仿效。方腾博士更争取到一系列来自中国的大型展出。待中美签订文化协定后，方腾馆长又力促送我馆的美国油画精品去京沪两地展出，此为中美建交后首例，中国美术界为之轰动，争相走告，倾羡不已。又因馆长的热心支持，一时到访我馆的中国专家，不绝于途，而启功先生领军的书画鉴定家，及冯先铭率领的陶瓷专家，则是众访客中之最重要者。

1966 年以来，由方腾馆长主导的东方部，自 1985 年起，交由来自台北故宫博物院的吴同接任。他每岁赴欧亚各地，为东方部物色历代文物，考辨真伪，断其良劣，以有限资金，精挑细选，总为馆藏所需努力。比诸美国人的出任东方部长，或日系的冈仓与富田，或欧系的方腾博士，吴同所依赖的，只早岁西山逸士在寒玉堂所授古物鉴赏法，在台北故宫博物院随庄慕陵、吴玉章诸前辈所学，及日后来哈佛师从张光直、罗樾（Max Leohr）、岛田修二郎等教授。所幸出掌东方部期间，适逢中国国际地位日益升高，欧美的中国陶瓷藏家，见机不可失，竞出旧藏以图高利，各拍卖行

及古董行出售的佳陶精瓷，所在多有，真个买之不尽。其时彩陶充彻市面，价廉物美，又关系到中国早期文明，吴同遂急向友人保罗·德（Paul Day）先生募款，我馆有幸一举拍下百余件彩陶，就中尤以加塑人首罐（1988.29）最为难得，曾轰动博物馆界。赠款的保罗·德先生，有雄厚的私人基金会，他先爱上中国美食，又爱上中国美术，我馆是受其支持者之一。最后，尤须一提的资助者，是力主刊印本书，又复慷慨出资的贝丝·施密德夫人，她出身名门，热爱中国陶瓷，长年支持东方部所需，为表对施密德夫人及其家族的感

罗伯特·T.佩恩

约庵·方腾

吴同

激，特以其名命名我馆的中国历代陶瓷陈列室，而本书的刊行，见证了美国博物馆与支持者之间的不朽友谊。

长期保持东方部工作者与慷慨解囊者之间有效的互动，在美国各博物馆界乃常见的做法，视为增强、增广收藏品的不二法门。然而放眼欧美，能像波士顿美术博物馆一样，行之百五十年而不改初心的，为数毕竟有限，更遑论其藏品中，是否精彩杰出，是否举世罕见，是否千真万确，是否涵盖方方面面了。

年表

新石器时代：
    马家窑类型：公元前 3000 年早期
    半山类型：公元前 3000 年中期
    马厂类型：公元前 3000 年晚期
夏：公元前 2070 年－前 1600 年
商：公元前 1600 年－前 1046 年
周：
    西周：公元前 1046 年－前 771 年
    东周：公元前 770 年－前 221 年
秦：公元前 221 年－前 206 年
汉：
    西汉：公元前 206 年－公元 25 年 [①]
    东汉：公元 25 年－220 年
三国：
    魏：公元 220 年－265 年
    蜀：公元 221 年－263 年
    吴：公元 222 年－280 年
晋：
    西晋：公元 265 年－317 年
    东晋：公元 317 年－420 年
北朝：
    北魏：公元 386 年－534 年
    东魏：公元 534 年－550 年
    西魏：公元 535 年－556 年
    北齐：公元 550 年－577 年
    北周：公元 557 年－581 年
南朝：
    刘宋：公元 420 年－479 年
    南齐：公元 479 年－502 年
    梁：公元 502 年－557 年
    陈：公元 557 年－589 年
隋：公元 581 年－618 年
唐：公元 618 年－907 年
五代：公元 907 年－960 年
辽：公元 907 年－1125 年
西夏：公元 1038 年－1227 年 [②]
金：公元 1115 年－1234 年
宋：
    北宋：公元 960 年－1127 年
    南宋：公元 1127 年－1279 年
元：公元 1271 年－1368 年
明：公元 1368 年－1644 年
清：公元 1636 年－1911 年
中华民国：公元 1912 年－1949 年
中华人民共和国：公元 1949 年－

[①] 原书以刘邦封汉王时间为西汉开始。西汉灭楚，
    刘邦称帝时间为前 202 年。包括王莽（9—23）和
    更始帝（23—25）。——译者注
[②] 李元昊 1032 年继夏国公位，1038 年称帝，一般
    以 1038 年为西夏建国年份。——译者注

公元前 3000 年－前 2000 年
史前彩陶

公元 600 年－750 年
北方白瓷与南方青瓷并美

公元 600 年－750 年
近东绞胎玻璃启发中国
绞胎陶瓷

公元 1000 年－1100 年
定瓷：北宋宫廷御用
磁州窑器：堪与"贡瓷"并驾
耀州青瓷：改变南方青瓷的独霸局面

公元 1100 年－1200 年
宋徽宗提倡品茶，启用各色瓷器
景德镇创烧青白瓷

公元 1500 年－1650 年
景德镇青花瓷启发德化窑等其他窑场跟进
晚明瓷器反映中国三教合一

公元前 1300 年—前 222 年
墓葬陶器和仿青铜礼器釉陶

公元 265 年—581 年
东南地区的青瓷

公元 650 年—750 年
多彩的唐代陶瓷，包括三彩铅釉陶

公元 800 年—900 年
长沙窑创烧釉下彩饰

公元 1100 年—1200 年
翠玉感的龙泉青瓷取代灰
青釉的越窑瓷器

公元 1300 年—1400 年
元朝力图近东贸易。输入钴料，出口青花瓷器
龙泉青瓷延续前朝成就

公元 1368 年—1644 年
明代复兴宋瓷素雅风格；引进中东器形
佛道神祇的瓷塑愈加流行

公元 1662 年—1735 年
康雍二朝催生瓷艺专家
引入欧洲技术烧造珐琅瓷

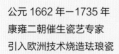  

公元 1700 年—1850 年
中国陶人兼采泰西中土
器型纹饰，以利外销

抟泥作瓷

马家窑彩陶盆

红陶质，内外加饰墨色星云纹

高：9.5厘米，口径：27.2厘米，足径：11厘米

Charles B. Hoyt Fund 1985.2

多束墨线组成的漩纹，环绕居中大圆点，造成视觉上的动感与神秘感。类似的星云纹多见于西北的马家窑彩陶各类器皿，但要以盆式器最能呈现天宇星云的神秘莫测。也有学者定此为编织纹，尚无定论，无论其为何纹何意，其为五千年前精心绘制在陶盆上的杰作，乃显而易见。此器外表有被木石器平整过的痕迹，又绘有三曲线绕外壁一周。器内环中心大点，别有三相似墨点，分布成等边三角状。其略外翻口沿处，等距离重复画星云纹六次。此陶盆外壁似涂有化妆土，内壁则经磨光过。

长颈彩陶罐

马家窑文化，半山期

红陶质，外饰红黑云气纹

高：35.9 厘米，口径：10.4 厘米，足径：13 厘米

Frederick Brown Fund 29.1038

　　这彩陶罐是最先入藏我馆的新石器时代彩陶器，迄今馆藏彩陶已超过百件，几乎均属马家窑文化产品。究其原因，当为受早年西方的中国文明西来论的影响。正如本书的其他彩陶作品一样，此罐也是手制而成，中国轮制法，以后才在华东沿海产生。

　　此件陶罐的典雅造型是由筒颈、宽肩、缩腹、窄足等组成。颈沿有小耳一对，腰腹设把手一双。筒颈饰有简单网纹及 V 纹，其下主体满布红黑两色漩涡云气纹，但腰腹而下一无所有。在此时的马家窑文化中，彩陶纹样的装饰性远比象征性为重要。因何陶罐下半了无饰纹？可能因半身原埋于墓边地下之故。

陶塑人首彩陶罐

马家窑文化，马厂期

红陶质，外壁化妆土墨绘人蛙纹

高：39.5厘米，口径：13.5厘米

E. Rhodes & Leona Carpenter

Foundation Grant and Edwin E. Jack

Fund 1988.29

中国新石器时代的彩陶器中，较少加塑三维人首之例。此器不但在罐肩添塑一首，且增绘毛发及脸面刺青纹，使其更加传神。三维塑像之下，接画半抽象二维人体纹，此器巧妙结合塑、画二法，营造出十分神秘震惊的视觉效果，令人肃然起敬，堪称先民的杰作。至于此人首究竟代表何意？作为何用？尚待更多研究。我馆的初步看法是呈显巫者祈求丰收之希望。中国专家常以为此等装饰乃表人蛙生殖力之意，然而，波士顿的人首彩陶罐，却大别于人蛙生殖之见。生殖丰收二者均为先民关心要务，至于孰重孰轻，非今人所能断言。1974年甘肃曾出土一类似的有头彩陶罐，虽型体较小，工艺较差，但用途应同。

刻饕餮纹仿铜壶黑陶器

殷商时代

高：17 厘米，宽：8.5 厘米，足径：7 厘米

Gift of Mr. & Mrs. Eugene Bernat 1978.689

此黑陶器的造型与纹饰，均仿自商代青铜壶，商代陶仿铜之作，多见于白陶，是作为宗庙祭祀用，乃新石器时代以来先民的传统，唯以黑陶仿商铜器之例，似异于白陶，恐更宜陪葬用途，有如刻饕餮纹的玉石等器之作陪葬明器那样。往年西方少见如此仿铜黑陶器，曾疑其伪，事经化验专家测试分析后，始证其为真器。不过顶上所盖者是否原物，则尚难定论。

仿铜盉施釉印纹硬陶壶

战国时代

高：21.2厘米，宽：21.2厘米

Edward S. Morse Memorial Fund 42.260a–b

这件仿青铜盉的硬陶酒壶，乃战国时期华东古越窑产品。以陶代铜，正见证中国陶瓷器的兴起，不过，铜器艺术也并未退化。这件硬陶壶制作精良，惟妙惟肖，如今虽施釉不无脱落，仍可见其生动传神，气宇非凡的艺术品质。壶身以龙体为提梁，犹似一道彩虹，横贯盉之上端，龙首即壶口，竖双耳，张大嘴，威武逼人，其尾接连壶体，下及三足，器壁满布早期越窑的典型印纹。

青瓷系

　　青釉陶瓷系列之兴起与发展，演变成中国陶瓷美的主流和特色，其中蕴含着中华文化与哲理的独特基因。究其源头，甚或远及史前时代的青玉，当时先民曾制苍玉作祭天礼器，据《周礼·春官·大宗伯》记载："以苍璧礼天""以青圭礼东方"。其实以苍璧礼天的祭式，早在新石器时代即已出现。至迟当殷商时，制陶者已发现烧窑的草木灰，能自然形成陶胎的青黄釉面，既美观又实用。及至战国时代，青釉硬陶器渐居主流地位，古越国更进而烧制仿铜器的青釉硬陶礼器，作为取代昂贵青铜器的陪葬之物。早期越窑青釉器，胎身多呈浅灰色，外施青釉，在山坡龙窑中焙烧至1200摄氏度高温。到两晋期间，陶工得力于改良的龙窑结构、烧制工艺、以及精练过的陶与釉，遂得以制出有较高透明感的青釉器（1993.644）。隋唐时，越窑青釉器进一步发展，连带引发他窑的跟进与改善，包括远在荆楚的长沙窑在内。北宋时期，名满天下的北方官、汝、钧、耀诸窑，则利用馒头窑制作高温烧制的碱釉青瓷（29.1004），就中汝窑的"青如天，面如玉"特点（51.434），始终情系"青"与"玉"的祖先传统。更有传说，汝窑因徽宗曾梦雨后青天之色，遂下旨仿烧天青器。总之，南北青瓷，美感虽异，辉煌则同。其后女真陷开封，擒徽钦，宋室南奔，移国临安，除延续汉族正统外，对东南的开发，尤其对提升龙泉青瓷的烧制方面，功不可没。我馆虽不乏龙泉佳器，但遗憾尚缺南宋官窑青器。蒙古入主中原后，南北青瓷制作幸而未衰，惟新朝所产器厚、型壮、体大的特点，殊异于宋人的传统优雅美感。虽然元代龙泉青瓷已令欧洲惊艳不已，被美誉为"色蠟冻"（Celadon）。一旦汉族重建大明王朝，朱明立马再兴宋人青瓷的高雅幽静之美。然而，有明一代青瓷的烧造，已不由龙泉窑独步于世，就景德镇窑所制诸器论，除青花瓷器外，更有新出的莹亮幽丽的青瓷品种，如永乐小罐（53.1003）。当康雍乾之世，虽是满人入主中原，清初三帝汉化均深，饱读中华诗书，广收中华文物，故此时期所制青器，深合中华固有的美感。

  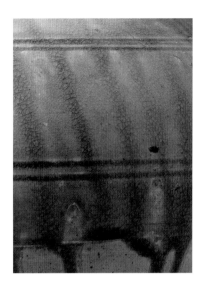

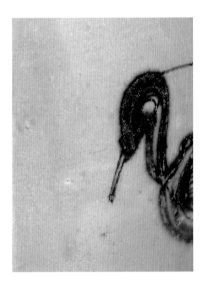  

车马出行图画像砖

东汉，2世纪

模制画像砖

高：26.5厘米，宽：42厘米

Charles B. Hoyt Fund 1990.244

　　四川当东汉时期，盛行用画像砖为先人营造墓葬。在中原及华东地方，墓砖多为彩画而成[1]，蜀中却别出心裁，以模压制各种纹饰于墓砖，供修筑装饰先坟之用。从艺术表现手法来看，这件画像砖，颇能代表四川陶人匠心独运之处。仔细观赏，不觉叹服其安排之妥贴，比如：以画像砖上的车马人物论，御者与乘者间的互动，驾骑四蹄的律动，以及仔细用模压印出缰绳与马首间的微妙关系等等。考古已发现为数甚多的汉墓以真车马陪葬，此等发现正好旁证我馆的车马出行图画像砖，既真实又美观[2]。

---

① 最佳彩画墓砖，见 Jan Fontein & Tung Wu, Unearthing China's Past（Boston Museum of Fine Arts, 1973），pp. 96—100.

② 相似车马画像砖及相关论述，见 Martin Powers, "Transportation: Horses and Carriages," in Stories from China's Past: Han Dynasty Pictorial Tomb Relief and Archaeological Objects from Sichuan Province,（San Francisco: The Chinese Culture Foundation, 1987），pp. 114—120.

粮仓罐

西晋，3 世纪末

越窑青瓷，堆塑加贴建筑人马禽鱼装饰

高：47.6 厘米，口径：8.6 厘米

Charles B. Hoyt Fund 1992.10

　　此等粮仓罐，也有称为魂瓶的。观其大小罐堆满器身顶端，又复加塑豪宅建筑，在人马喧闹、鼓乐齐奏、禽鱼飞潜的装饰意趣中，其意实有关五谷丰收，家人平安，万事如意的愿望。有一冠服骑马出正门者，想是代表已故主人。罐肩加贴泥鳅多尾，均表达丰收之祈。此罐型体高大壮硕，釉色均匀滑润，比之孙吴时期出土同类作品，毫不逊色。

羊尊

西晋，4 世纪初

越窑青瓷，刻纹加塑装饰

高：30 厘米，长：33 厘米，宽：22 厘米

Gift of Michael and Karen Haworth in
memory of their beloved father, Mervin E.
Haworth 1993.644

　　羊尊的型制其来久矣，始见于晚商，兴于西周青铜器，是祭祖祀天用的礼器，其后乃有陶瓷之作。以青瓷烧制羊尊，至三国两晋而完善。其火候、釉色、硬度、器型，均胜往昔的青瓷作品。以青瓷做成献酒的羊尊礼器，是因羊为祥之谐音，生者献之，亡者受之，则大吉祥、常平安。

辟邪

西晋，4 世纪初

越窑青瓷，模制加刻纹装饰

高：13 厘米，长：19 厘米，宽：9 厘米

Gift of Michael and Karen Haworth in
memory of their beloved father，Mervin
E. Haworth 1993.645

中国人直至东汉年间，方知有号称万兽之王的狮子，是远自西亚，途经丝路，不远千里运抵汉廷的。汉人如获至宝，视之为瑞兽，呼之为辟邪。此后随身毒佛法东入中土，健陀罗的护法狮吼，更加深了中国人对狮子的敬畏之意。其后，瑞兽狮子遂出现在石刻及陶瓷作品中，甚受国人喜爱，只不过未知狮子真貌，因而中国的辟邪比之真狮相去何止千里。及至两晋，陶人首创青瓷辟邪，虽有小大之别，皆出之以模制加刻纹而成。我馆辟邪数匹，以 1993 年豪沃斯（Haworth）家族所赠者最可观。非但体型雄健，鬃毛厚密，又且神情威武，面目狰狞，足堪供阴阳两界之用。唯背部的开口，不知为何用途，意见虽多，实无一可令人信服的。

龙柄鸡首盘口壶

南朝，6 世纪
越窑青瓷，模制加刻纹装饰
高：41 厘米，口径：13.1 厘米，
足径：18 厘米
Helen S. Coolidge Fund 1995.677

　　中国制陶者每好取驯禽瑞兽之形以为器首，其把手多作龙形，或以为师法龙凤（鸡）阴阳的传统观念，不知确否，姑存此说。此盘口壶的龙柄，构思精良，模制特为杰出，龙柄起自壶肩，攀壶颈而上，龙嘴咬住盘口，龙首直探壶心，以褐彩点睛的龙目，紧盯壶内琼浆不放。此外，酒壶更置一鸡首前导。是则美酒不远，令天下好杯中物者，未酒先醉了。

四耳罐

北朝，6 世纪
北方青瓷，罐身加印花纹装饰
高：25.5 厘米，口径：12.1 厘米
Special Chinese and Japanese
Fund 11.4

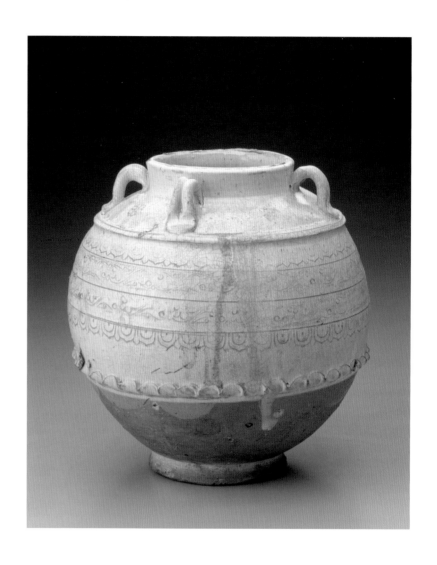

　　此四耳罐属北方窑作，乃早年东方部长冈仓天心为我馆所购藏品之一，反映出日人对中国陶瓷的偏好。这件作品，罐腹上半饰压印的仰覆莲花纹各一圈，莲纹之间，加印卷草纹二圈，四耳间，压印团花各一。罐腹下半无纹无釉，露原有胎色，最后添加一圈微凸捏纹，以分别上下罐体。

浅黄釉钵

北齐或隋，6世纪后半

北方黄釉瓷，钵身上半满釉，下半空过

高：13.5厘米，口径：13厘米

Helen S. Coolidge Fund 1990.120

　　此黄釉钵充分彰显北齐、隋时期的新美感，其简约直接的造型，明快有力的色调，以及稳重雄浑的形态，不但令人想起笈多王朝新传中土的佛教美学，而且更联系到僧伽沿门托钵所用的铜钵。是故，陶瓷之钵乃如此近似金铜之钵。相比之下，铜钵多一分轻便耐久，却少一分陶瓷的温厚近人，而铜陶之间，所费亦大不相同。《文物》曾刊山西长治出土初唐王惠纪年墓内一黄釉钵，除形体较我馆者为大外，其他均极相似，可知当为唐或更早之物。

四耳高罐

北齐或隋，6 世纪中期
高：31 厘米，口径：9 厘米
Marshall H. Gould Fund 1987.28

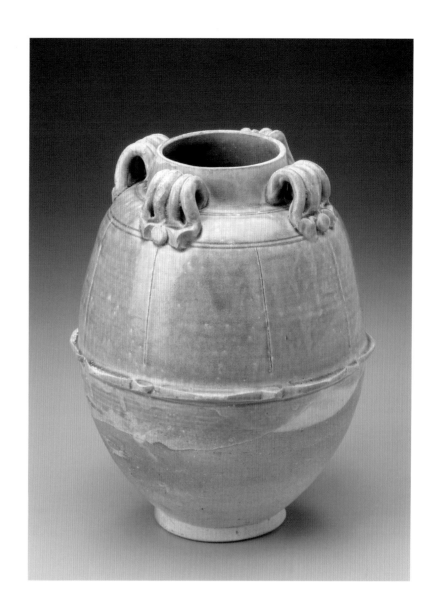

　　壮硕高大的器型，强有力的四副双耳，明快的黄绿釉色，单纯的外壁刻线，都赋予此罐一种北方制品特具的美感。所惜原盖已失，未能一观全豹。此类罐器，多见于海外公私收藏。

双体龙耳瓶

隋朝，6 世纪后期

酱釉加塑

高：14.9 厘米，宽：11.2 厘米

By exchange from an anonymous
gift in memory of Charles Bain Hoyt
54.1126

　　双体龙耳瓶较少见，小型的更加罕闻，只因 1959 年隋李静训墓出土相似作品，虽釉色不同，仍可据其器型、比例、艺术构思等，判断我馆所藏者亦当为隋物无疑。众人皆知，单体龙耳瓶源自西亚，经丝路东传中土，至于双连体的龙耳瓶是否亦然，尚待考证。此小型龙耳瓶显非实用之器，当是陪葬所需。但此瓶器体虽小，制作却甚精良，非一般明器可比。以双体甚至多体的陶瓷器皿陪葬，其用意似寄望亡者来生福禄倍增。

带盖圆罐

隋朝，6 世纪后期

青瓷加饰弦纹

高：25.5 厘米

Keith MacLeod Fund 1986.339a–b

　　古陶瓷存于世者，惜多失原盖，遂使后人无由见其全貌。我馆的隋朝青瓷罐，有幸留住原盖，且未伤损，甚是可喜。由于罐盖相依合一，乃知隋时此青瓷罐，究以何等样貌出现人前。此外，陶人更别出心裁，施釉上半器身时，任听釉汁自然流散于罐下半身的胎体上，因而平添几许奇趣。

酒瓶

隋朝，7 世纪初
甜白瓷
高：44 厘米
Charles B Hoyt Fund and Helen S.
Coolidge Fund 1989.195

　　中国美术，从北朝至唐，多感受到印度笈多王朝传来的新美学影响，中国陶瓷也未例外。这件白瓷酒瓶，高大俊美，气势堂堂，无用装饰，已自不凡，猜想饮酒者坐对如此甜白可亲、完美无瑕的高瓶，不但一心垂涎瓶内的佳酿，可能也发爱屋及乌之心，留意酒瓶之非同凡物。

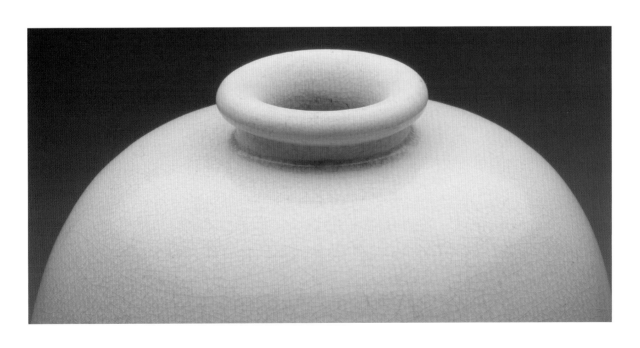

长颈瓶

隋唐间，7世纪上半

白瓷

高：18.9厘米

Gift by contribution of Gilbert E.
Fuller 26.67

　　有的艺术创作，光靠其形其色，即足以令人屏息注目，流连忘返。目前这件白瓷长颈瓶就具有如此魅力。此瓶动人处，不仗五颜六色，不靠奇形怪状，不劳刻草画花，一身素白，已尽显其锦口秀颈、鼓腹束足的美姿妙态。中国陶瓷史上，白器自史前即有，先民为表敬祖，特淘洗陶土以去杂质，日晒火烤，乃得祀祖白色祭器。自兹以降，历数千载而弗衰，真可谓"白也无敌"。

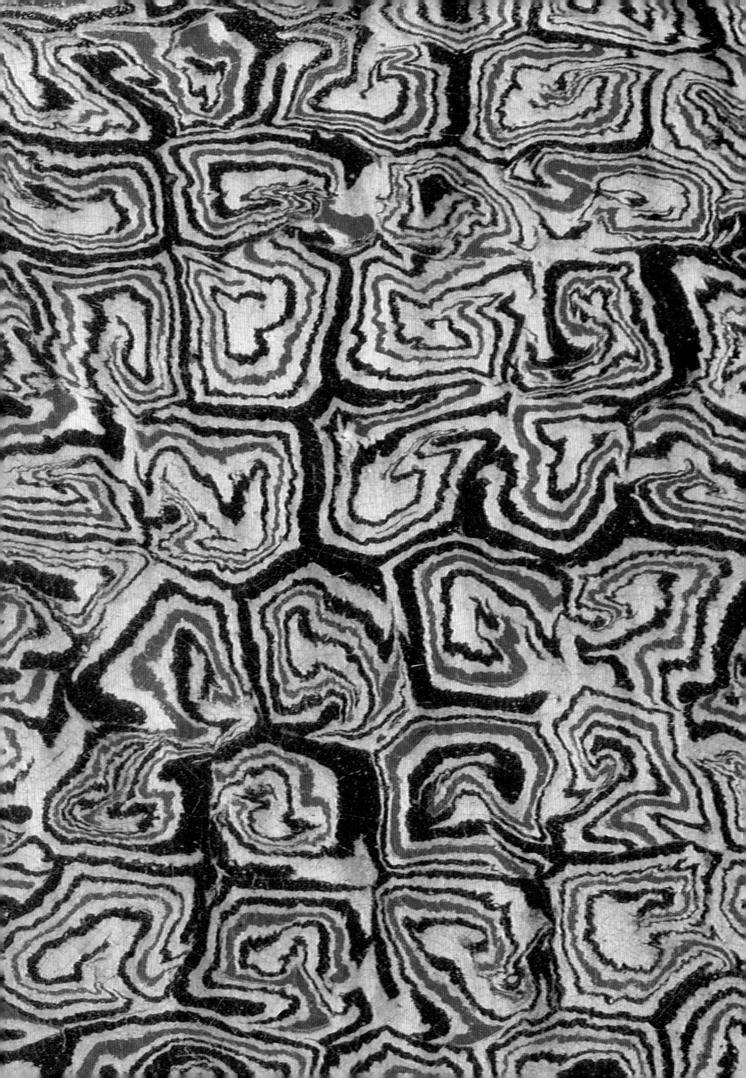

绞胎砖形器

唐代，7—8 世纪

陶质，三彩

高：5.5 厘米，宽：12 厘米，

深：9.1 厘米

Gift of C. Adrian Rubel 52.1546

　　对唐三彩陶瓷器的研究，以前多为日人的强项，自新中国成立后，中国考古工作突飞猛进，各地出土古陶瓷日多一日，促进了对陶瓷器较全面的认识，发表专著论文无数。关于唐三彩的来龙去脉，依据出土文物，从新梳理安排，成为各国乐于转刊引用的学术依据。不过，唐三彩砖形器的问题一直存在，有中国研究者曾说乃是中医切脉用的"脉枕"，然而在中、日、韩各国出土的砖形器，却难支持脉枕的看法。至于经绞胎加工的绞胎砖形器，更是难中之难了。

黑马

唐代，8 世纪

陶质，三彩加堆塑

高：73 厘米

John Gardner Coolidge

Collection 46.478

此匹俊马，是库里奇（Coolidge）夫人于 1946 年赠送我馆的数百中国文物之一。大唐帝国非但发明了三彩陶器，而且厚葬风气甚盛，名门望族以厚葬来光祖耀宗，大唐两京所出土明器文物，多不胜数，内中三彩之器，既精且多，不乏型体硕大、彩釉精良、雕饰出众、神态动人的杰作。我馆藏唐马数匹，要以此乌驹为首选。

化验室里验陶瓷

当波士顿美术博物馆入藏文物时，通常对其过往历史所知甚少。有些文物是经由墓葬或窑址发掘而得，有些是几代相传的私人藏品。经由博物馆化验室的查验，加上馆内专家的研究，才可确立文物的真伪及来龙去脉。如此做法，也能促使我们了解一件文物所涉及的工艺演变，诸如中国发明的陶、瓷、釉等。

科学化验的另一功用是重新评估过往的修补状况。有些珍贵的陶瓷名品，伤损处，早在几世纪前就已修补过了。举例说，我馆所藏明代珐华三足香炉（17.1156），其中两脚是用又厚又黑的旧粘剂来支撑修补处，其材料是种含高铁质但无以为名的"水泥"。对于小缺口或小裂缝，略加美饰即可。伤损较大的话，填补时也要顾及整体美观的问题，这可引东晋龙柄鸡首盘口壶（1995.677）为例，其鸡首流口，就是如此妥善处理过。现代博物馆的维修工作，是要从已知数据中，能安全地推断出其成分者才予以修复。材料及技术

用于此种工作，须保持其可逆转性，还要能看出新修补处与原来陶瓷的不同，有时得利用紫外线来辨别。有些文物，为满足艺术市场的需要，曾经尽善尽美地修补过，如此一来，伤损处就难以被发现。这种瓷器的修补作法，是利用其他瓷器的部分来修补，几乎能做到完美如新。因是之故，博物馆想收购的任何文物，务必经过仔细的分析与研究。

检验工作先从肉眼观察开始，如此可看出一件文物是如何成形的，比如说，是手工捏制？或是轮制？或是模制？还会关注到不同部分是如何连接的，及其表面的装饰（包括研光的程度，压印，堆塑，剪贴，以及施釉）。另外值得注意的是烧造过程中出现的意外，比如，带盖的明朝青花执壶（1976.24），由于窑烧时造成的原有裂痕，但为准备出书拍照之故，就不能不即刻填补及饰色。

更进一步的观察是利用显微镜。比如，加塑人头的马家窑陶塑人首彩陶罐（1988.29），人

头曾被疑是后加的，但是经高度放大及利用紫外光线后，可清楚的观察到，此头乃原先之头。紫外线还能显现出其他资讯，诸如现代的添加物，不论是涂层或上色，可从其所反射出的荧光辨别出来，因为陶胎与釉色各有其特具的亮度，据此可知其为何物。

放射照相术，能揭露器物表面以下及不易观察到之处的状况，因底片能记录器物对X-光吸收的程度，从而产生相对显影之故。例如那件唐代黑马（46.478）曾碎成多片，到我馆前，被修理得乱七八糟，还需要加固处理。靠着在马体内黄铜支架的帮助，如今这匹马可昂然直立于观众眼前，现在观察放射照片，这些黄铜支架仍清楚可见（见插图1）。

X-光荧光技术，能提供对某物质的组成结构方面的资讯。举例说，用此非破坏性的侦测法，可轻而易举的查出各种不同的铅釉。如需更确切更全面的釉料结构分析，则需取微量的样品，进行横切面的制作，以便在

电子光束下分析。比如，唐代陶马施用多色铅釉，其黄色来自铁，绿色来自铜，这些都是此时期常见的；至于其上的黑色却较少见，黑铅釉中既有铁和铜，又加上不透明黑色颗粒状的氧化铁（见插图2）。

不断扩增结构资料的数据，可提升研究者对陶瓷制作工序，及其不同地域特性的了解。由于针对出土器物的科技分析日益增多，将可能据此对出处不明的陶瓷，辨明其究出自何地。精细的结构分析，也能指证伪造品或被错误判断的器物。

虽然上述分析，有助于年代及出处的认定，但却不足以辩明其真伪问题。少数几家专业的热测光化验室，能考证陶瓷的烧制年代。例如，马背宫女俑（48.391）是件完美无损的唐俑，因此有疑其非真，再加上伪造唐俑乃伪者最乐为之事，幸经热测光检验后，确诊其为八世纪的盛唐陶俑无疑。利用同样的分析法，证明唐代大黑马（46.478）也是唐代陶俑无疑。

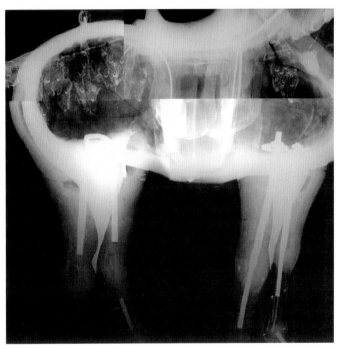

插图1 唐黑马的X-光合成图。此处可看到四条马腿上的金属支架（白色部分），及马鞍处的细杆，还有斜穿马颈处的一条裂缝（黑线，右上方）。

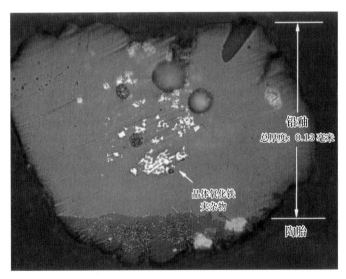

插图2 唐马黑釉横切面的明场反射显微片，陶胎在底部。此图中的白色部分是氧化铁。

理查·纽曼，化验部资深科研家。 苏珊·甘希珂，器物组，副维修家。

马背宫女俑

唐代，8 世纪

陶质，三彩加墨描

高：41.8 厘米，长：35 厘米

Gift of C. Adrian Rubel 48.391

　　三彩陶俑藏品，国内外
所在多有，然而每每精粗真假
不分，遂令鱼目混珠。鲁贝尔
（Rubel）先生 1948 年见赠的马
背宫女俑，为其早年在洛阳所
获佳作。此俑釉色亮丽，人骑
姿态生动自然，又复完好无损，
有如盛唐丽人行图的三维再现。
此男装宫女，马背上粉脸含笑，
双手控缰，微微侧身旁顾，若
有所待，正是陪葬俑常见的表
情身段。可与辽宁省博物馆所
藏徽宗画院的《虢国夫人游春
图》所画马上仕女并观。

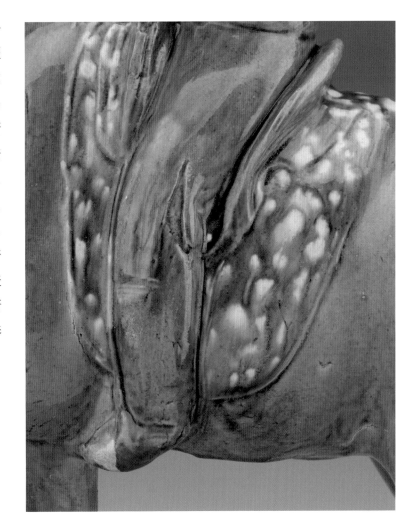

龙柄壶

唐代，8 世纪

北方黑瓷

高：21 厘米，口径：7.5 厘米，

足径：7.5 厘米

Gift of Mrs. Francis Steward Kershaw

in memory of Francis Steward Kershaw

30.420

　　虽同属龙柄酒壶，此黑瓷壶对比南方青瓷之作（1995.677）意趣全异，二者非但尺寸、釉色、高矮有别，而且上手后，轻重感受亦差之甚远。不过，创作构思却是连贯的。利用龙柄窥探壶酒的设想，算是两壶的共同点，而陶人力求彰显好酒之龙的贪醉姿态，可谓用尽心思了。二龙虽各具体貌神情，然而嗜酒则一。

四耳盖罐

唐代，8 世纪

施钴蓝釉

高：15.2 厘米，口径：8 厘米，

足径：6.5 厘米

Gift of Dudley Leavitt Pickman

27.137a–b

　　中国陶人自古一直苦寻蓝彩来装饰陶瓷而不得。钴蓝虽早在战国时已自西亚传进中土，但出土文物中蓝釉陶瓷之存在，目前发现最早的是唐初（664）。这件带有原盖的四耳罐，所施钴蓝釉占器身的大半部，幽丽深沉的钴蓝釉色，对此造型单纯朴实的小罐，成就了非凡的转变，一似丑小鸭变成天鹅。

双耳茶罐

唐代，8 或 9 世纪

施茶叶末釉

高：13.3 厘米

Anonymous gift 1990.107

如此精致而又简洁稳重的瓷罐，加施厚实的茶叶末釉，营造出罕见的宁静感及神秘感。唐代的茶叶末釉，曾失传近千载，至 18 世纪才复制成功，所惜不再有唐时的优雅肃穆。此双耳茶罐原藏家博纳特（Bernat）先生 1947 年即留言身后赠送我馆，其后因故不克实现，他终生收藏的中国历代文物，最后由儿女托拍卖行处理，幸有热心友人，拔刀相助，于 1990 年拍下此双耳茶罐，当日即转赠我馆珍藏，得以原璧归赵。私立博物馆如波士顿者，自 1876 年建馆以来，均赖私人捐赠支持，辛勤成长以至于今。

执壶

唐代，9 世纪

长沙窑，釉下彩画水鸟纹饰

高：22.9 厘米

Charles B. Hoyt Fund 1986.1

英文中的 CHINA 具双意，既指中国又指陶瓷而言。之所以如此，乃由于巨量的外销陶瓷，自中国远输世界各地，历久不衰，遂在国际上，造成"中国即陶瓷，陶瓷即中国"的双重含义。但是，在众多不同外销陶瓷中，占举足轻重，销量既大，历时又久者，前有长沙窑，后有景德镇窑，非此二家莫属。不论造型，或是创意，长沙窑均有值得大书特书之处。比如，中国最早的釉下纹饰即源于此窑；中国最早的量产包装法在此，中国最早的釉下红彩也出于此。这执壶的外壁用氧化铜及氧化铁，釉下彩绘水鸟溪涧觅食的生动画面。长沙窑的釉下彩纹饰变化多端，包括书法诗文在内。

茶托

北宋，10 世纪末或 11 世纪初
定窑，白釉底刻"官"字款
高：4.3 厘米，口径：18.7 厘米
Asiatic Curator's Fund 1995.46

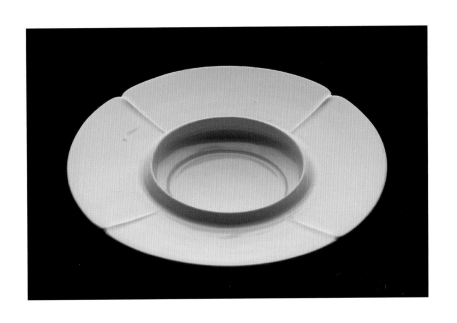

　　徽宗登基前的北宋朝，内府历代偏好定州白瓷。只因徽宗皇帝深晓诸艺，尤精茶艺，为饮茶之需，乃一反祖宗惯例，御旨建州制黑釉器以进，钧州以红紫器进，越州以青瓷进，定州进白瓷，汝州贡秘色瓷，官窑则视内廷之需。以往定州所进白器，延用五代旧例，刻"官"或"新官"款于器上，以利分类。我馆的定窑茶托即在器底刻有楷体"官"字款，原当为内府物，是以造型做工特为精到。

白瓷系

早在新石器时代中后期，中华大地已出现少量较白净的陶器，显经加工淘洗，去除陶内杂质之故，据考古发现，此类较白陶器，曾是史前祭天敬祖的原始礼器。及至殷商，仿铜白陶祭器，已成不可或缺的丧葬要件。比如，1932 年，李济在小屯村殷宗庙地，发掘出一白陶片，其上墨书篆体"祀"字，是即殷商设有白陶祭器的明证。商代以降，白陶瓷的制作流传未休，至隋、唐时，白陶瓷已渐成熟，开启以后宋白瓷的大兴盛况。或以为华北的冰雪天候，对北人之好白瓷不无关系，实则高岭土的有

无，尤具决定性。此外，白瓷兴起的隋唐盛世，正值天竺笈多王朝的简洁美学新入中土，对北朝佛教造像并绘画影响至深，隋唐白瓷风格也亦步亦趋，我馆的白瓷大酒瓶（1989.195）、白瓷长颈瓶（26.67）均可见证笈多朝所影响的新艺术风貌。唐宋时代品茶风起，造就了内丘邢窑与其后的曲阳定窑两大白瓷的主宰地位。邢窑在唐时多有记述，陆羽《茶经》中称邢器如雪似银，李肇《国史补》称："内丘白瓷瓯……天下贵贱通用之。"只不过邢瓷虽具如雪似银的视觉效果，可惜一经改朝换代，

赵宋帝王却更钟情牙白色泽的定州白瓷，史载宋内府惟好白定诸器可为明证。其后定器虽不幸遭宋徽宗挑剔，失去往日独霸内宫气势，却有幸成了其他北方窑口跟进仿造的动力。即便南人，也不免见贤思齐，景德镇窑即创烧出类似的青白器。在此基础上，中国南北诸窑再锦上添花，于白瓷地添加各式装饰，因有青花、釉里红、釉上彩等多种新品问世。晚期的白瓷，诸如德化窑的观音塑像（78.1），及景德镇窑的白碗加绘白梅过枝花（60.1313），均为教人激赏的佳例。

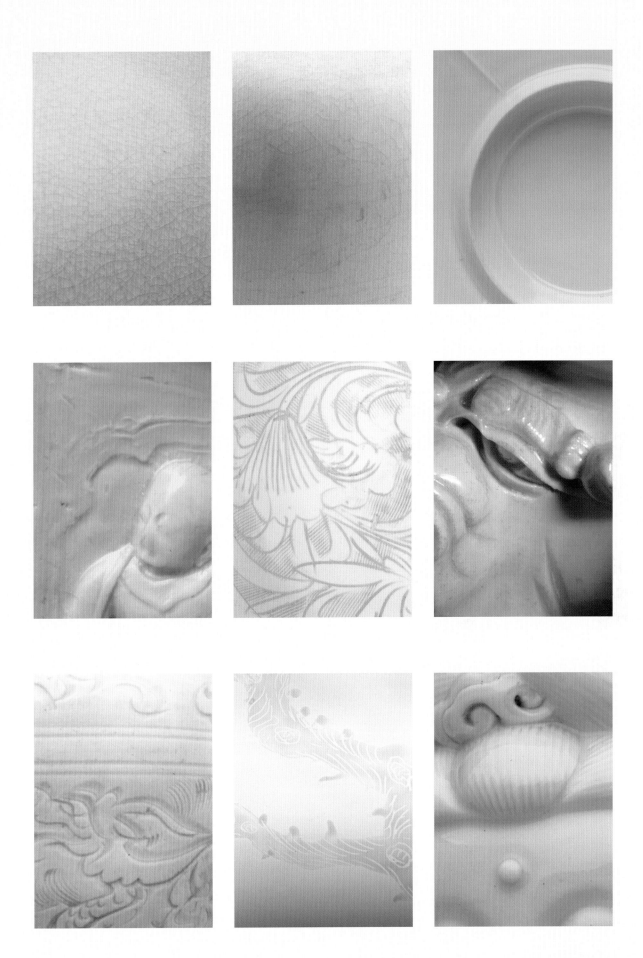

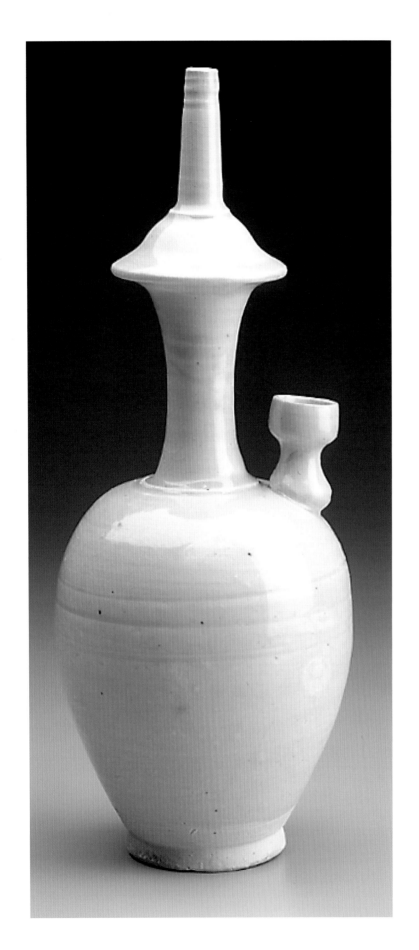

净瓶（军持）

北宋，11 世纪初

定窑，白釉

高：28 厘米

Charles B. Hoyt Fund 1987.30

　　佛教僧众使用的陶瓷净瓶，中土多白瓷，朝鲜半岛多青瓷，然究其造型，实仿造天竺铜器而成，佛门以清静为要，故而定窑白瓷堪称首选。陶人作此净瓶，用心细腻，全器比例恰当，结构完好，瓶颈秀长，瓶腹丰满，至如瓶口、流嘴等细节，无不照顾周到。

鸳鸯枕

北宋，11世纪
西关窑，珍珠地施白釉
高：12.5厘米，宽：25.8厘米
Gift of Adrian Rubel 50.3784

据中国学者考证，西关窑位于河南新密西门外，此窑起于唐，终于北宋末。西关窑的主要创作品，就是珍珠地瓷枕，少见大件瓶罐者，枕多用浅赭化妆土填色纹饰，与牙白釉相映成趣。我馆有见于枕面的纹饰而呼其为鸳鸯枕。猜想原来该是成双成对，此枕刻心字鸳纹，另一枕当刻心字鸯纹，二者合之，则寓心心相印，年年（莲莲）鸳鸯的美好祝福。或因战乱，文物流散，原先甜情蜜意的一对枕头，而今不幸劳燕分飞。

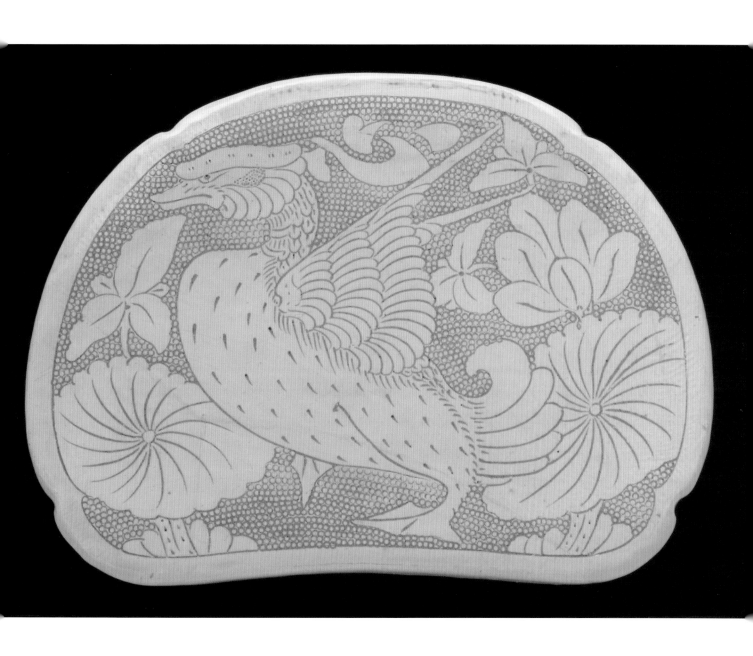

牡丹梅瓶

北宋，11 世纪
磁州窑，刻牡丹花施白釉
高：30.8 厘米，口径：5 厘米，
足径：8.6 厘米
Museum purchase with funds
donated by the Friends of Asiatic
Art，Helen S. Coolidge Fund and
Asiatic Deaccession Fund 2001.1

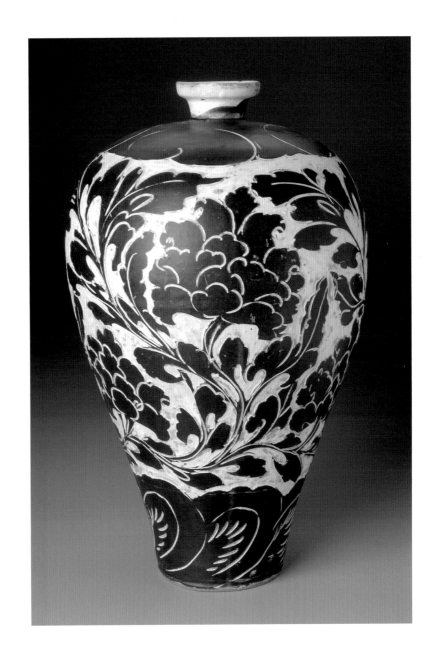

　　磁州窑器向以豪放明快风格闻名于世，此瓶所表现的正是这等美感。更有甚者，黑白对比的纹饰，在磁州器中原是寻常惯见的手法，所异于等闲者，乃在其动态感的成功呈现。瓶面的牡丹花叶，犹若临风玉树，摇曳生姿，妩媚动人，想见陶人运行刀笔于胎土上，如龙蛇之游走，刹那间，一树牡丹的美姿，已展君前。瓶身牡丹花叶的光亮平滑，正与其背景白化妆土的凹凸粗涩，形成有趣对比。此瓶窄口、广肩、狭足，也助长了全器的律动不少。

莲鸭绣球花纹盘

北宋，11 世纪

耀州窑，施青釉刻印纹饰

口径：18.9 厘米

Edward S. Morse Memorial Fund

29.1004

北宋陶瓷，极其罕见似此盘的装饰纹样，遍观各地收藏，似乎我馆之盘或为海外孤品。此盘青釉浓翠，映照着刻出的莲鸭纹，别样的生动，压印的卷草纹与波纹，也善尽绿叶红花的作用，更不提盘中心的一大朵似花的十二角星形纹，其复杂交错的结体，一似夜空满天的繁星，闪耀生辉，令人目为之眩。晚近曾在耀州窑址出土有相似纹样的破片，然而未损的全器仍旧未见。

莲纹大碗

北宋，11 或 12 世纪

观台窑，刻纹施白釉

高：9.7 厘米，口径：20.2 厘米，

足径：6.5 厘米

John Willard Ware Fund 2000.830

　　大碗内里，围绕碗心刻双莲花叶纹饰，又用常见的平行线作背景，衬托满碗活泼可喜的莲花莲叶。可想见一旦茶酒注入，刹那间，碗内花移叶动，则于捧碗之际，饮者不论鲸吞或细品，能不为之心动？

玫瑰紫茶碗

北宋，12 世纪

钧官窑，内外施釉

高：8.8 厘米，口径：14.8 厘米，

足径：5 厘米

Charles B. Hoyt Fund 58.394

钧窑的烧制，至徽宗朝而登极，成为陶瓷史上空前的创新，其所以如此特出，内中实蕴含诸多文化因素，而关键人物自是北宋徽宗皇帝。非但因他尊崇道家奇幻思想，热衷诗文艺术的唯美主义，尤为要者，他对饮茶之道的偏好，再再引领徽宗步入与现实脱节的"轻佻不可君天下"的预料中。看来徽宗之所以好花石纲，筑艮岳，集异兽珍禽，修御苑宫观，究其实，乃欲在人间创一仙境，可供他幻想羽化升仙的妙境。因此之故，他日后求得变化莫测，奇色异彩的钧窑器，实顺理成章的一贯思路。关于窑变创出的釉药突变，在道君皇帝看来，犹如道家炼制外丹一般，可助皇上成就不可思议的梦幻。如此说来，何以钧窑在徽宗之前或之后，均乏奇绝神妙，唯独徽宗在位时才大放异彩，则不言而喻了。我馆玫瑰紫茶碗，内里天青，外壁紫红，一旦茶汤入碗，则皇上捧之在手，目视晚霞一片，水光潋滟，安能不兴天人合一之暇思？

盏托

北宋，12世纪初

汝窑，满釉露芝麻支钉痕

高：1.5厘米，口径：18.7厘米

John Gardner Coolidge Collection

51.434

这件虽非十全十美，却温厚含蓄，润泽如玉的瓷盏托，六十馀年来，困惑不少专家学者，中国研究者如汪庆正先生等，多以为真，伦敦专家则一概断为伪物，且视作雍正仿汝之废器。我馆通过科技化验部的三维扫描研究，以及热测光分析，否定了18世纪仿汝之见，测出盏托的时代应在南北宋之间。观察此器的满釉底背，可见略露胎体的五个支钉痕，大小犹如"芝麻状"，胎现"香灰"色泽，如此特点，似合文献所记载者，只是证据不全，依然不足以定其真伪。

镶银边兔毫茶碗

北宋，12 世纪初

建窑，黑釉

高：7 厘米，口径：8 厘米，

足径：4 厘米

James Fund and gift of Mrs. F.G.

Macomber 13.1430

　　建窑茶碗举世闻名，其品目颇多，率以釉药在胎上，经窑火烧练后，釉面出现特殊效果，一经雅士题咏，天下遂遍传兔毫[①]、油滴、鹧鸪斑，此皆缘于陶人神妙监控土、火、釉的结合。其中兔毫者可谓建器最为人知之作，别有日人呼作曜变者[②]，珍稀之极，仅见少数日人公私收藏。我馆的镶银边兔毫建窑茶碗，施满釉至足上方，露底胎，颇粗厚。所施黑釉亦浓密厚实，数现垂釉，其状如冰、如珠、如泪，凝聚成形，叫人怜爱不已。

① 蔡襄《茶录》载："茶色白，宜黑盏。建安所造者绀黑，纹如兔毫，其坯微厚，熁之久热难冷，最为要用。"
② 日本《君台观左右帐记》记曜变乃建盏之最。

镶铜边龙纹茶碗

北宋—金，12世纪前半
定窑，白釉刻龙纹定窑器
高：4.9厘米，口径：19.9厘米
Helen Nichols Cabot Collection
38.1562

定窑器国外多有收藏，但精粗不一，真伪相杂。我馆百年来所存定器为数不少，惜上佳者屈指可数。这件浅碗，胎薄色白，线条曲直分明，刻一团龙，抬头吐舌，四处游走，甚是生动。有团龙现形，难道是内府御瓷？

狮座瓷枕

北宋 — 金，12 世纪前半
景德镇窑，青白釉堆塑狮座枕
高：11.8 厘米
James Fund and Gift of Mrs. Frank
Gair Macomber 13.1406

古人有倡睡时以瓷枕枕头的，比如，明万历间名医李时珍《本草纲目》就说："久枕瓷枕，可清心明目，至老可读细书。"传世各式古代瓷枕所在多有，不乏形色奇巧，意态可爱的创作，想见瓷枕业者，为促销商品，不得不出奇制胜。我馆的青白釉狮座瓷枕，堆塑一头立狮为座，抿口、皱眉、瞋目，四腿奋张，露獠牙塌鼻，憨态十足。狮背置弧形花边瓷片，供枕头用。审观两宋千奇百怪枕式，尚可窥其时人情世故，文化素质。比如，以美人为枕座者，其所梦寐以求的，必异于好枕猛狮之辈。不过枕猛兽者，或希望能避邪护神，是以置龇牙咧嘴的狮子头于脑后，以护卫梦中人。

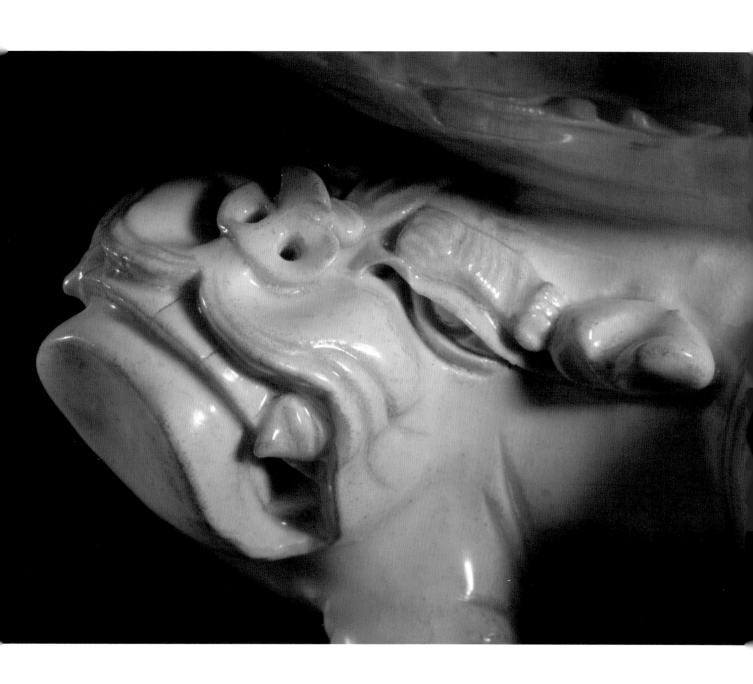

镶金边莲花盏

南宋，12世纪末

景德镇窑，青白釉刻莲花纹

高：5.6厘米，口径：16.3厘米，

足径：3.1厘米

Museum purchase with funds

donated by contribution 12.1165

　　此乃我馆早年东洋部长冈仓天心（1863－1913）购自中国的藏品之一，其所中意的古陶瓷，多据日人的传统见解，以论断中国艺术的优劣高下，而冈仓天心自身对茶道的崇拜奉行，亦反映在所收各种文物中。青白釉莲花盏，内外壁均刻纹，内为三盛放莲花，外则花瓣一圈，盏口无釉，有金边护之。然而，难以断言金边是否原来之物。

梅蝶纹茶盏

南宋，13 世纪

吉州窑，贴梅蝶纹施釉

高：5 厘米，口径：14.9 厘米，

足径：3.7 厘米

William Sturgis Bigelow Collection

98.12

曾在哈佛习医的威廉·毕格楼（William S. Bigelow）医生，出身波士顿对华贸易世家，是全美闻名的日本文物收藏者。毕格楼医生将毕生珍藏的数万件日本文物，无条件捐赠我馆，并荐其友冈仓天心，到馆主持日本部。毕格楼的收藏虽大部分为日本文物，但也有少量购自日本茶道家原藏之宋元古物。此吉州窑贴梅蝶纹茶盏即为其一。由于深受茶道家宝爱，此盏至今胎釉完好，形色具佳，折枝梅隔着碗心与飞蝶相对，布局极富南宋画趣，叫人联想到蝶恋花的诗词，陶人的文化修养，真出人意表。外壁的抽象纹饰，潇洒自然，犹若李顾诗所说："兴来洒素壁，挥笔如流星。"

红花绿叶纹盏

金代，12—13世纪

磁州窑，饰釉上彩

高：5.7厘米，口径：15.8厘米，

足径：5.4厘米

Denman Waldo Ross Collection 17.943

今人对用釉上彩器作为茶盏，多恐有铅毒之虑，但金代的女真人曾否也虑及此，殊难定夺。就陶瓷而言，在中国境内最先以釉上彩作装饰的，当即女真人了。再者，女真好牡丹，是则所绘红花或即牡丹。俗话说，红花虽好尚需绿叶扶持，故而陶人画花不忘点叶，以制造花叶异色，相映成趣的视觉效果。女真之汉化至章宗而至极，后不三十年，乃亡于蒙元。

人物瓷枕

金代，12—13世纪

定窑，模压人物纹饰

高：12厘米，宽：19.8厘米

Edward Sylvester Morse Memorial
Fund 47.1313

宋代定窑制瓷业，虽在
女真统治下，也未尝中断，瓷
枕亦然。女真人汉化日益加
重，文学艺术方面，屡出诗词
名家，书画高手，陶瓷工艺也
蔚然可观。此人物枕，枕面下
端，正前方压印女真人喜爱的
大牡丹一朵，牡丹两侧各压印
一肩扛荷花，手提绣球的奔走
童子，枕后则模印四冠服骑马
人物。此等童子乃传自印度，
梵文曰"摩睺罗"，供祈福用。
马上冠服者，当是官场得意之
辈，大有"春风得意马蹄疾，
一日看尽长安花"气势。试想
得一枕而既祈福报又祝得意，
见此枕者能不慷慨解囊乎？

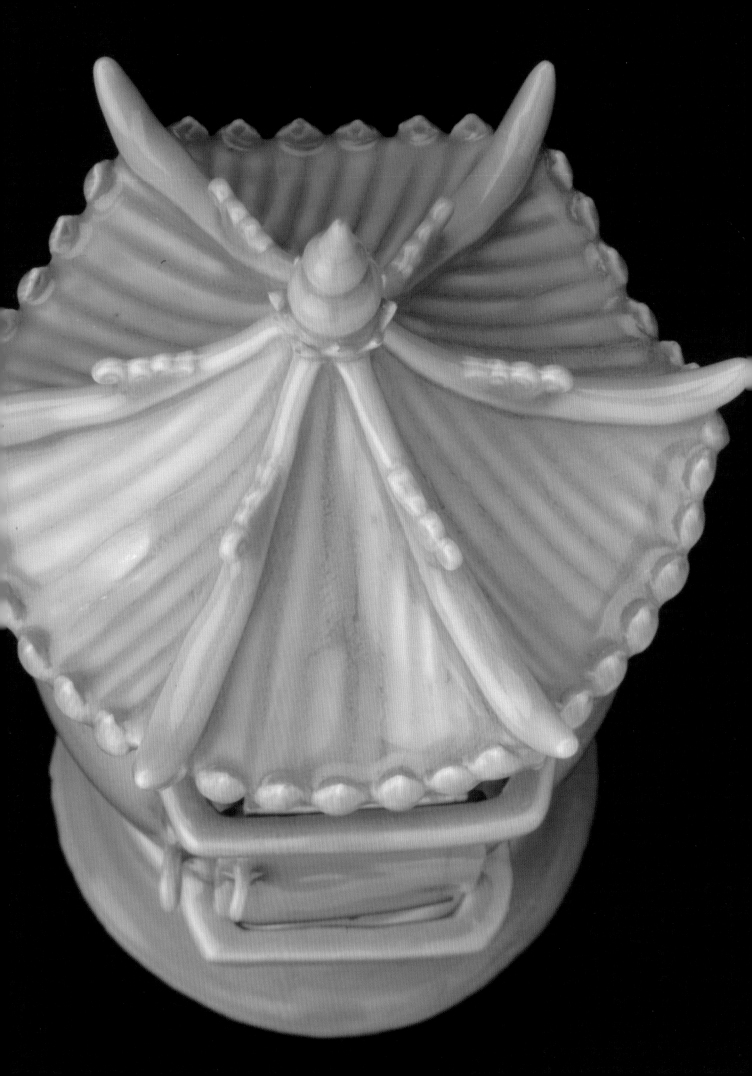

舍利子罐型塔

南宋，13世纪

龙泉窑

高：27.6厘米

Edward Sylvester Morse Memorial

Fund 45.651

出家人圆寂后，或获舍利子，则弟子、施主各以金、玉、木、石并陶瓷等，建造供养膜拜之所，此乃起源于阿育王为弘佛法，造舍利子塔供八方之需，中土历代亦追法其制至今。南宋朝禅宗大兴，名僧辈出，龙泉器所在多有，得道者未属意贵重的金玉，为身后舍利之用，反而钟情瓷土烧制的容身之所，想是看破红尘种种幻相，故而死生大事，能以入土为安视之。不过，此舍利塔形状高雅，做工考究，观塔顶复杂结构，可知乃陶人努力用心之作。塔身设一可开之门，惜门内已无一物。

长方形瓷枕

金代，13 世纪

磁州窑，五面绘图，

底面楷字压印"张家造"

高：14.5 厘米，宽：32 厘米，

深：16.4 厘米

Gift of Charles Sumner Bird in memory of Francis William Bird 44.619

磁州窑长方枕计六面，五面皆绘图，底面则压印"张家造"三楷字。

此长方枕大有可观，叫人欣喜难眠。枕之为用，原如《说文》所称："卧所荐首者"。但此枕入目尽是图画，执枕在手，前后、左右、上下观之，令人目不暇给。当然，最引人瞩目的，自是枕顶那幅画。这不但是件不折不扣的金代画作，更洋溢着文学内涵。人多知元青花屡引杂剧故事为装饰，而忽略更早的宋金流行话本及演出，对陶瓷艺术的影响。枕顶所画题材究为何事，因年代久远，细节容或未明，不过，审视画面，图左夜色迷离中，驾雾飘然而至的散发女子，当为冤魂，观其长袖掩面不胜哀怨之情，想必隐藏多少

委屈辛酸之痛。其时乃月明星稀之夜，居女鬼之右，立于构图正中的，为一仗剑法师，以法剑遥指散发鬼魂，四野寂静，松竹无言，法师的助手也已呼呼入睡，剧情了无结局，如此画面，叫人何以成眠？想是此枕乃供阴间人用，则此生未了情，尚可待来生再续。除枕顶之图外，其前方绘一奔鹿于林野间，枕后画一猛虎，趴地怒视，随时可能一跃而起。枕左右侧各画荷花，整体多彩多姿，笔墨流畅明快。枕底的"张家造"款字，乃中国早期陶瓷推销广告之一。

瓶形瓷枕

元，14世纪

磁州窑，绘菊纹，款"至元二年四月二十四日"

高：12.5厘米，宽：27.8厘米

Gift of C. Adrian Rübel 61.171

　　此器似瓶又似枕，因能自然直立无需扶持，况且瓶口瓶足俱备，正可视作酒瓶，所诧异者，在于瓶腹处出现微凹现象，如以首枕之亦无不妥。所幸制器者早为后人解此哑谜，瓶枕创者真一可人，窑烧之前，已留下题款二行曰："至元二年四月廿四日李名记枕（花押）"。以酒瓶为头枕，岂不妙哉，果真如此，便能做到醒则饮，饮则醉，醉则睡，循而环之，真可谓瓶中别有天地了，如若有敢怪罪的，当笑引太白诗句："我醉欲眠卿且去"可矣。

梅瓶

元，14 世纪

景德镇窑，青花绘元曲人物

高：42.4 厘米，足径：13 厘米

Harriet Otis Cruft Fund and Seth
Kettell Sweetser Fund 24.113

我馆有幸珍藏三件绘有元曲人物的 14 世纪青花瓷器，因而闻名于海外公私收藏间。如论青花发色之雅丽，瓷瓶造型之高俊，笔法布局之精妙，口、肩、腰、足，比例之得体，则三件之中要以此梅瓶为首选。画之主题为道教八仙故事，其中所图李铁拐尤为气韵生动。美中不足的是，此瓶早年曾因工作人员失手落地，破为二十四片，因非完璧，遂令其深陷库内达半世纪之久。其后东方部友人，贝丝·施密德（Beth Schmid）夫人大力资助，携此瓶碎片至伦敦，由专家整修拼合，两年后修旧如旧，回归我馆，细查虽隐约可见破痕，已无碍展出之需。缘此修瓶一事，引发日后施密德夫人再解囊助刊未出版的陶瓷精品之举，真乃不幸中之大幸。

青花瓷系

青花瓷器的创烧，长久以来，欧美学术界一口咬定，不能早于14世纪初，并归功于蒙古对中原的有力统治。今据历年考古出土资料，可证欧美人之偏见。固然英伦大卫德基金会的青花双瓶，是青花研究的重器，瓶颈的长款及年月，确是第一手资料，其款曰："信州路玉山縣順城鄉德教里荊塘社奉聖弟子張文進喜捨香炉花瓶一付祈保合家清吉子女平安至正十一年四月良辰吉日捨星源祖殿胡淨一元帥打供。"至正11年是西元1351年，已到14世纪中期，但是此瓶展现的青花

纹饰，非但对钴青的掌控得心应手，其构图布局，既精密且复杂，钴青的绘制尤其驾轻就熟，挥洒自如，已充分展示出，此是青花瓷发展到十分成熟兴盛时期的制品。因是之故，可知蒙元时代绝非中国青花始创之时。反之，大卫德双瓶却能印证，中国创制青花器，自大唐以降，源远流长，经两宋至元而大盛。考古发现，唐青花出于巩县窑址，又于扬州通商口岸出土唐青花碎片。而从印尼近海的阿拉伯沉船中，更发现了完整的唐青花盘，竟与畅销的贸易名品长沙器同船，是可知唐青花器亦

为出口中东之物。不过，值得一提的是，唐墓也陪葬过唐青花。2006年，郑州唐墓出土一对唐青花塔瓶，其地距巩义窑址仅十余公里，瓶体有釉下钴青绘制的童子步打球图及其他纹饰，耿宝昌先生肯定两青花塔瓶符合青花瓷标准。是知唐青花器并非只供外销。当然，唐代原始青花器与元代成熟青花器，虽同用中东钴料，但胎釉有别、窑烧不同、绘制互异，自是不可同日而言。中国青花瓷的横空出世，天下为之震惊，影响所及，自古至今，遍及世界，真可谓普天之下，莫非青花了。

有盖梅瓶

元，14世纪
景德镇窑，青花绘元曲人物
高：38.6 厘米，足径：9 厘米
Clara Bertram Kimball Collection, by
exchange 37.292

除考古出土的文物外，传世梅瓶鲜少尚存原盖的，或有，也疑是张冠李戴。我馆有盖梅瓶则不然，经由化验部对盖、瓶进行成分与结构的分析，可证二者的氧化钴均为中东进口的钴料，二者的瓷胎烧结亦同，二者的青花画法一致，二者的子母口也配合的天衣无缝，可证张公之帽仍在张公头上。此盖瓶的型体不如我馆的八仙梅瓶高俊，青花呈色也较八仙瓶浓烈难驯，画法用笔也欠飘逸自如，只不过此三顾草庐瓶，既保不破之身，又存原盖，而且刘、关、张、孔明的故事性及吸引力，绝不逊八仙。

狮纽龙纹罐

元，14 世纪

景德镇窑，青花绘龙纹

高：37.2 厘米，口径：15 厘米

Gift of Mabel Hobart Cabot in
memory of her father Richard B.
Hobart 69.1073

　　元代的陶瓷艺术，以往或被误为仅只"图大器粗"，上不及两宋诸窑的精妙，下有愧于明清无数的创新，反映了游牧民族入主中原后的文化断裂与短缺。蒙元之有中原，是中国史上继胡服骑射、丝路西开、诸佛东来后的大事。蒙古雄据欧亚诸国，赵宋不过其中一区而已。元朝寿不及百，但所带动的种种交流何其大哉。就陶瓷论之，举青花瓷器一例，即足以傲视千古，流芳百世了。虽说唐墓早已出土原始青花瓷 ①，然而令天下惊艳的，尚有待蒙古人的贸易才华及手段。此所以中东数国皇宫，至今尚多珍藏青花瓷者。此狮纽龙纹罐，型体高壮，纹饰精彩如织锦，主纹左右二行龙，生猛雄健，顾盼生姿，有不可一世之概。

---

① 2006 年在郑州市上街区峡窝镇唐墓中，出土一双塔形青花舍利瓶，釉下钴蓝绘童子步打球纹饰。这次发现，打破欧美专家断定的青花瓷始自 14 世纪说法。

鸳鸯戏莲大盘

元，14 世纪中期
景德镇窑，青花饰纹
高：7.5 厘米，口径：39.5 厘米
Gift of Mr. and Mrs. F. Gordon Morrill
1982.456

　　我馆自 1876 年建立以来，坚守私立美术馆的原则，不接受官方周济，因而常困于经费短缺，周转不灵，所幸美国不乏仁人义士，时时支援。莫瑞尔（F. Gordon Morrill）夫妇不但是热心的支持者，更是闻名的中国元明青花器藏家。莫瑞尔夫妇与我馆约庵·方腾（Jan Fontein）前馆长，是多年至交，此鸳鸯戏莲盘即因他们交情而捐赠的。虽然莫瑞尔夫妇误以鸳鸯代表友情，方腾博士依旧欣然接受赠品。鸳鸯戏莲的装饰纹样，由于汉字的"莲"字读音似"年"，故引申为"年年"情爱永好之意。又因莫瑞尔夫妇俩已定意将藏品拍卖，所以先选此盘赠与我馆留念。此盘中的鸳鸯，转首呼唤，情好特甚，他者或相对而游，或并列而游，均无莫瑞尔鸳鸯的罗曼蒂克表情。

游龙戏珠大盘

元，14 世纪

龙泉窑，浅浮雕纹

高：7.9 厘米，口径：41.7 厘米

Gift of Mrs. Henry P. Sturgis 92.2635

这件大盘，可谓 1890 年我馆新成立的"日本美术部"所获赠的首件中国名品，虽非日系文物，却得自日本茶道家旧藏，因龙泉青瓷向受日人喜爱。宋元时，日本留学僧返国多携带回寺，寺僧又好茶道，久之存积渐多渐精，蔚然可观，但明治天皇的全盘西化政策，改变日本许多传统，旧藏中国名品大量流入欧美公私收藏。史特基斯（Sturgis）夫人 1892 年捐赠的龙泉青瓷盘，正好见证此种变迁。除历史价值外，此盘所呈现的雄强壮硕气概，以及腾龙夺珠的勇猛必得的神情，表现了蒙元征服王朝的自信，再再增添其可观性。

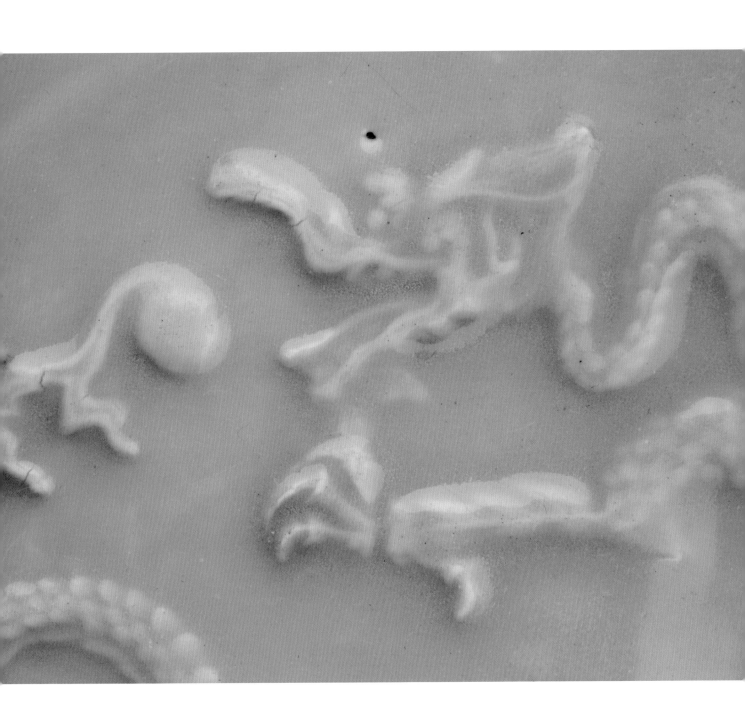

福寿酒坛

元，14 世纪
龙泉窑，浅浮雕纹
高：33.9 厘米
Gift of Dudley Leavitt Pickman
36.231

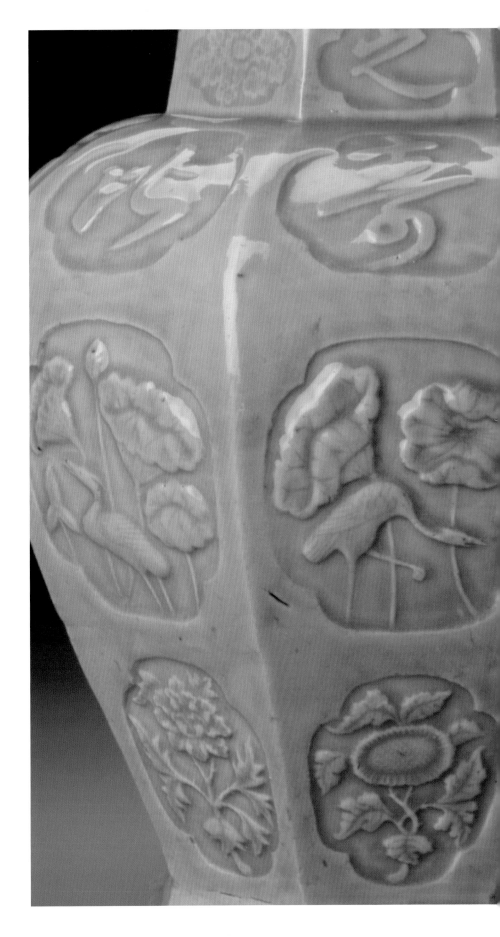

　　皮克曼（Pickman）氏在1936 年见赠的龙泉窑大坛，早在 1914 年即存放我馆保管。听说半世纪前，某主管嫌其粗俗笨重，难登大雅之堂，曾被深锁库中，难见天日。其实鉴赏蒙古帝国的陶瓷，首要了解一个史无前例的征服王朝之伟大气势、阳刚雄健，有别于旧日的温文儒雅、平淡天真的阴柔。明此要理，才能避免固步自封。陶瓷究为商品，难免买卖交易，故先须推销待售之物。龙泉青瓷生产的福寿酒坛，就具备畅销条件：陶人选最醒目处，刻上行草"福如东海，寿比南山"八字于坛肩，又刻四楷字"天赐之禄"于坛颈，再用浅浮雕法，制作莲鹭花卉纹于坛身。置酒于如此吉祥喜气的容器中，饮者能不感同身受？

梅瓶

元初，14 世纪

龙泉窑，青瓷

高：39 厘米，口径：7 厘米，

足径：11 厘米

John Gardner Coolidge Collection

46.517

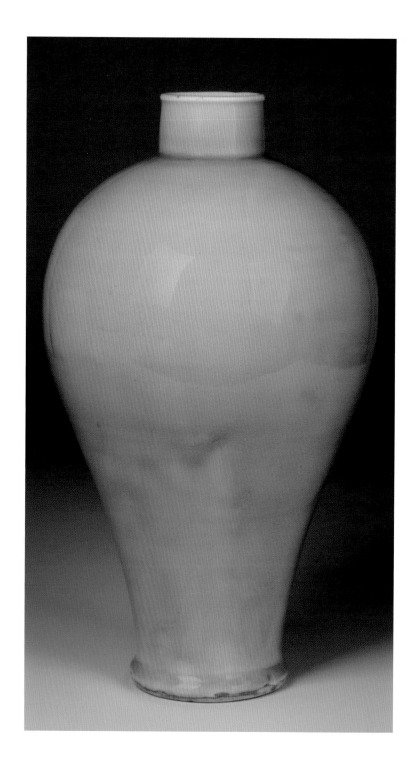

　　这梅瓶通体无一纹饰，自顶至底，全仗绿意盎然、青翠夺目的梅子青釉来护持，叫观者心神动移，浮想联翩。"梅子青釉"器，实乃南宋龙泉窑创新的极品青瓷，蒙元入主中原后，天幸窑烧未断，依旧畅销海内外，所惜往昔微妙细致的"梅子青"釉色，而今比之前朝不无稍逊。好在龙泉窑文化底蕴深厚，昔日倩姿丽影，风韵犹存，所以坐对此瓶，仍能想象当年"梅子青"梅瓶的风采。

龙纹梅瓶

元，14 世纪中期
景德镇窑，青白瓷
高：32 厘米，口径：5.4 厘米，
足径：12.1 厘米
Clara Bertram Kimball Collection，by
exchange 37.296

　　景德镇窑创烧的青白釉
瓷，或称影青釉瓷，始于北
宋，大兴于南宋，经元明犹
存，甚受用者青睐，但因青花
瓷横空出世，所向披靡，青白
釉瓷遂渐衰微。我馆的暗花龙
纹梅瓶，白中泛青，甚是雅致
可喜。一应纹饰、刀法，精劲
生动，轻重拿捏准确，极见铁
笔功夫，刻出的种种纹样，多
与青花瓷所画类似。

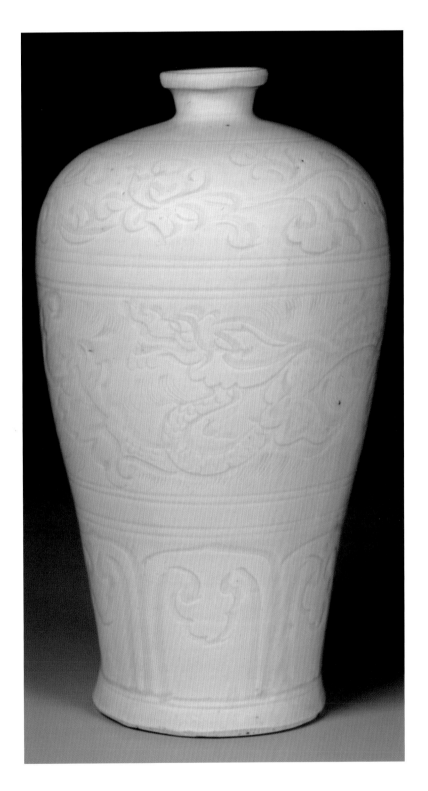

洪武大碗

明，14 世纪后期

景德镇窑，釉里红瓷

高：10.5 厘米，口径：20.7 厘米

Gift of Richard B. Hobart in Honor of

Charles Sumner Bird 60.1463

　　釉里红与青花，虽彼此相异，却同为元代新创的伟大瓷种，至 14、15 世纪而大盛，畅销各地。然而较诸青花瓷，釉里红非但产量少而且佳器也少，原因不但在于氧化铜窑烧的呈色控制，要比氧化钴艰难，以至妨碍了成品的质与量，并且蒙人好白而恶朱，此所以洪武皇帝一朝登基，力图烧制汉人喜爱的釉里红瓷。一般釉里红常见的缺点，一则在于氧化铜发色不够明亮深厚，所见者多倾向暗红或淡红色泽，甚至被讥为"釉里黑"，以至观赏者殊难兴起美色当前，赏心悦目的快感。二则釉里红瓷纹饰，多不精准明快，较少见其纹、其色，未曾走样或散漫的，远不如青花器的可靠稳定性。我馆釉里红洪武瓷碗也非例外，虽然缠枝花纹未曾散漫走样，其窑烧呈色，说不上达到层层枫红微醺的意境。除釉里红瓷得之不易外，景德镇窑曾创制过更加复杂的青花与釉里红合体的新品。

永乐小罐

明，15 世纪前期

景德镇窑，豆青釉

高：9.1 厘米，口径：8.8 厘米，

足径：15.6 厘米

John Gardner Coolidge Collection

53.1003

大明王朝的开国代表中国重归汉族统治的重大历史意义，而在陶瓷史上，也是值得大书特书的转变。我馆此件非常精致的永乐小罐即一佳例。小罐而命名为"永乐"，非但因其烧制于永乐年间，更由于永乐皇帝对复兴汉族固有文化的用心。比较起蒙元时期制作的青瓷，立刻可感知二者的诸多差异。比如在釉色方面，永乐小罐显而易见是优雅精致甚多，在

尺寸方面，小罐不再着重体积上的高大雄伟，在美感方面，永乐小罐强调宁静含蓄的比例与形状，对手眼感受方面，永乐小罐给人的触觉感，则目之所见，手之所捧，若同珍宝珠玉在握一般。论及艺术文学，人或有偏好阳刚雄伟之美的，或好阴柔婉约之美的。好陶瓷者，或不喜永乐小罐之柔静，然而汉人含蓄和平的审美观，自有其文化特点，不容轻视否定。

葡萄纹大盘

明，永乐早期，15 世纪前期
景德镇窑，青花
高：8.1 厘米，口径：43.8 厘米
Gift of Mr. and Mrs. F. Gordon Morrill
1981.745

　　海内外收藏界，热心争购元明青花器，私立的博美馆受经费限制，大都无法竞标上品。所幸美国税法规定，捐赠文物可享减税之利，因而博物馆如波士顿者，虽经费苦短，却时有奇珍异宝纳入。此等可望不可即的艺术精品，几如天赐。佳器如莫瑞尔（Morrill）夫妇见赠的永乐大盘，一旦出现市场上，收藏界无不垂涎三尺，但除却腰缠万贯者，大都望门兴叹。莫瑞尔大盘是用进口钴料绘制而成，绘者笔法老练，挥洒自如。如此大件瓷盘，烧造非易，成器后多供外销阿拉伯各国之需。

宣德龙纹碗

明，宣德时期（1426—1435）

景德镇窑，青花

高：11.8厘米，口径：31厘米

Keith McLeod Fund 63.1083

宣德为明宣宗年号（1426—1435），前后仅只十年，不过，在青花瓷方面，成就傲人。况且据文献所记，宣宗帝为恐烧瓷会造成"劳民费物"，曾命官窑延至宣德八年后再复烧瓷，如此看来，宣德官窑实际的烧瓷期间尚不足十年。以短暂的年月，烧制出那么惊人的成果，着实叫人佩服。中国青花瓷到宣德，无疑是一高峰，不论是就品种、就数量、就质地、就装饰、就色彩而言，再再都凌驾古今。此时宣德官窑瓷，既具蒙元瓷的雄健，却能去其粗野，故而海内外以能获一宣德器为幸。当年我馆在伦敦购得两件典型的宣德瓷器，堪补馆藏宣德器的不足。此碗所绘青花龙纹，见证了宣德龙的神武威严，观其怒目而视的双睛，怒发上冲的龙鬣，以及奋张的利爪，全龙更在祥云纹与火焰纹的护持下，迈步巡行宣德碗的外壁。外壁可见青花楷书的"大明宣德年制"款识。

宣德花浇

明，宣德时期（1426—1435）
景德镇窑，青花纹
高：13.7 厘米，口径：8 厘米
Keith McLeod Fund 63.1084

　　这种器型，耿宝昌先生说是"花浇"。"花浇"是永乐期间开创的新瓷种，乃郑和从域外带回大明的众多新样之一。举世皆知，中国历代陶瓷家，善于借镜域外各类奇珍之物而仿之，如：仿西域绞胎玻璃器以做成唐代绞胎陶器；仿波斯双体龙耳瓶以做成隋代的双体龙耳陶瓶；仿印度佛教铜净瓶（军持），以做成北宋的瓷净瓶。此宣德花浇实乃师法穆斯林教众使用的铜铁花浇而为的。铜铁花浇原来曾设扣盖，但景德镇窑并未照样，或因用途有别之故。

笔架

明，正德时期（1506—1521）
景德镇窑，青花加波斯文款
高：11.8厘米，宽：22.3厘米
Julia B.H. James Fund and Gift of
Mrs. Frank Gair Macomber 13.1626

　　笔架乃古人文房必备之物，常因笔架之雅俗贵贱而定其人之高下，但此青花加题外文的笔架，乃宫中御用者，非世俗的贵贱雅俗所能界定。笔架其来久矣，用材多样化，陶瓷虽仅为其一，却占有重要历史性地位。考古出土的盛唐三彩山形笔架，海内外无不闻名。此正德笔架呈五岳并列状，与海上三仙山的思想有所不同，当是代表中华大地的五岳而言。五岳一字排开，置于用青花钩描成的座床上。笔架的正背二面，均有菱形开光，内书波斯文字，合二者之意，实即翻译汉文的"笔架"二字罢了。器底青花双方框内，双行楷书"大明正德年制"六字。关于波斯文字，因正德皇帝十分好奇域外之事，对伊斯兰教颇有所知，他曾取波斯名曰"沙吉敖烂"，即伊斯兰教的苏非师，并养着一些伊斯兰的火者，称其为"老儿当"。正德皇帝的传奇之一，竟是他除军事与豹房之外，尚有陶瓷之癖，正德年间烧制的佳瓷，可为明证。

青花黄釉盘

明，正德时期（1506—1521）

景德镇窑，青花加黄釉彩

高：5.2厘米，宽：29.5厘米

The John Pickering Lyman
Collection–Gift of Miss Theodora
Lyman 19.1016

正德年间不但创烧新瓷种，而且也发扬光大前朝的名品。青花黄釉相配之作，始于宣德朝，成化朝也烧制过，及至正德，乃集其大成。以黄釉之温润明艳，反衬钴青之幽丽深静，堪称绝配。此盘自1919年入藏以来，一直深受来馆参观者的佳评，惜不知何故，一直未曾获选刊行，人间多憾事，不想文物亦有幸与不幸之别。此器的纹饰绘制，运用青料有如水墨，笔法健挺，线条舒畅，深浅有序，十分快心悦目。盘底双圈内，青花楷书二行六字款："大明正德年制"。

执壶

明，正德时期（1506—1521）
景德镇窑，青花加年款
高：19.1 厘米
Edward Sylvester Morse Memorial
Fund 1976.24

饮酒品茗，浅斟慢酌，此人生一乐也，岂可无壶？区区执壶，在中国却寄托了深厚久远的文化意涵。茶源自古中国，酒自古乃敬祖祭品。茶酒二者，不饮则已，饮则非壶不成。此所以中国历代壶之制作多姿多彩，盛极一时，不过要以陶瓷所制者为最。以历来茶酒之昌盛，无怪乎好饮者亦好饮器。我馆此壶，查其钴青色浅，线条用笔纤细迟缓，虽花叶依稀如正德官窑之制，实则存其形而亡其神，殊非官窑可比。考其器底四字年款谓"正德年造"而非"正德年制"，足见是壶乃出自民窑，故而青色欠浓，画工欠精，所幸仍保留仿伊斯兰铜器原型特点。此壶出土于印尼雅加达近郊，我馆购自居印尼的荷兰工程师。

鼎形香炉

明，正德时期（1506—1521）
景德镇窑，珐华加年款
高：28.6厘米，口径：24.3厘米
Denman Waldo Ross Collection
17.1156

道观佛寺所设香炉，几无不以鼎为形，想是古时鼎为国之重器，后世未忘祖制，虽未亦步亦趋，终究存留些形式，遂出现鼎形香炉，供信男善女求神拜佛之需。珐华瓷器所造的鼎形香炉，不但是为寺观特别烧造，而且可认准乃出自山西的作品。山西珐华器的釉色以蓝、绿、黄、紫、白等为主，早期作品，传诸于世的不多，精品更少。我馆的鼎形香炉刻有长款，尤其少见。款"正德十五年四月吉日御马监提督团营太监孙喜捨石景山娘娘花瓶香炉壹付永远供奉吉昌"38字，足见为正德朝所制。据款识所言，则太监的珐华炉，乃献给帝都北京西郊的碧霞元君庙，明清时香火甚盛，但毁于"文革"。美中不足的是，鼎形香炉原有的把手已不知去向。

香炉

明，隆庆五年（1571）
景德镇窑，青花加年款
高：15厘米，口径：20厘米
Gift of Mr. and Mrs. F. Gordon Morrill
1979.783

　　隆庆五年青花香炉，小巧可爱，全然已脱铜鼎之形而成香炉之用。供在神案上的香炉，常夥同成对花瓶及烛台，形成俗谓的"五供"，也有简单些的"三供"，然而不论是三供或五供，香炉居正中乃必不可或缺者。猜想路过诸神，感知香烟袅绕，烛光闪耀，颂经不断，能不驻足随喜，接受供养则个？香炉外壁，青花图绘道教八仙及老君像。八仙及老君的上方，装饰一圈锦地开光花果图。沿香炉口沿处，有供养人楷书款一圈："隆庆五年仲冬月吉日彭慕泉。"古人谓，工欲善其事，必先利其器。欲求福报，岂可无炉，因而定制细描老君八仙的青花炉子，又特加注年月姓氏，以保福报不落外人田。

真武帝君塑像

明，万历
景德镇窑，青花加款
高：46厘米，宽：20厘米
Gift of Mr. and Mrs. F. Gordon Morrill
1979.785

　　我馆所藏的披发跣足真武帝君青花瓷塑像，乃万历年间烧制的，其造型全法武当山所供永乐十四年铜铸的真武帝君像。武当山古名仙室山，因永乐皇帝深信北方之神玄武，曾保他夺得皇位，于是大修武当山为玄武帝君的主道场，酬谢玄武对他的护佑。永乐十年（1412年）御令工部官员率二十余万众，历十一年，建成武当山的宫观建筑群，武当山遂成道教圣地。真武大帝，道经中称："镇天真武灵应佑圣帝君"，简称"真武帝君"。正如武当天柱峰顶的永乐十四年所建金殿内的真武大帝铜像，及神像前龟蛇合体的铸像，我馆藏青花瓷塑，座前也置有龟蛇合体像。真武大帝青花瓷像，除披发跣足外，也具剑眉凤眼，留五柳须，且身着龙袍，背靠龙座，甚是壮观。

白龙梅瓶

清，康熙朝
景德镇窑，青花留白
高：37 厘米，口径：7.3 厘米
Denman Waldo Ross Collection
07.31

　　青花瓷器者，原指在白瓷地上加画钴青纹饰之谓，不过自元代起，即创烧了反其道而行的"留白"青花器，量虽少，却叫人耳目一新。蒙元败亡后，此风经明代至清代，江山易改，此风未移，可见颇受宝爱。我馆所藏白龙梅瓶，型体壮硕，青花幽深，留白生动，貌似宣德之作，不过，细查即知不然。以留白龙纹为例，虽近似宣德龙纹的样子，其直上直下的十四根平行须鬣，发呆的双目，焰火纹，祥云纹，断断续续，细若游丝，前伸五爪，柔若无骨。更有甚者，陶工竟别出心裁，青料上再加点钴青，寄望仿造出宣德青花的特征，达到天衣无缝的地步，用心虽然良苦，惟其必为仿制之器，昭然若揭。此瓶早于 1907 年由我馆的董事罗斯（Ross）教授捐赠，他是我馆东方部的主要支持者，意义重大。

仿铜觚八角花瓶

明，万历朝

景德镇窑，青花五彩加款

高：30.8 厘米

Julia Bradford Huntington James
Fund 01.5745

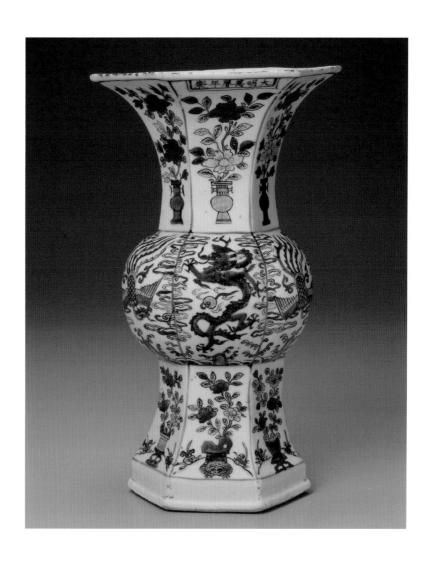

　　仿青铜礼器以制作陶瓷用品，在中国行之久矣，足见中国人的浓重文化历史情结，无怪中国之外，每难领会如此的思古幽情。如不计外销陶瓷，则此觚型花瓶，实是我馆早期入藏的少量中国传统陶瓷之一。1901 年，我馆用茱莉亚·詹姆士（Julia B. H. James）捐赠的 8750 美金，从罗杰斯（G. O. Rogers）夫人家购得此花瓶，乃京都茶道家旧物，一时如获至宝。美国藏家始知，

自波士顿对华通商以来，发财的家族所珍爱的中国外销陶瓷，实非中国瓷艺之精华，波士顿人自日本带返的日人旧藏诸器，才真正代表中国陶瓷的原貌。仿铜觚花瓶虽好过外销陶瓷，平心而论，亦非绝世之珍。但其口沿下所书六字青花款："大明万历年制"，器壁彩绘成对龙凤纹，足见乃内府用器，何况青花更加五彩，外壁环列多种仿古瓶盆，自是堂皇富丽，无怪美、日人皆宝之。

琉璃彩孙悟空塑像

明，万历朝
山西琉璃窑，三彩铅釉
高：33.1 厘米
Marshall H. Gould Fund 1982.465

齐天大圣孙悟空，在中国神话传说中占有一席，且因其耳熟能详的通俗性，恐尤胜过许多天神地仙，妖魔鬼怪。学术界有认为其原型来自印度的，胡适就说，美猴王源自印度古诗的哈奴曼。姑不论此猴属本土抑或进口的，就陶瓷艺术而言，或提升到从中国雕塑来看，这件出身平凡，卑微无奇的建筑附件，实则蕴含着多层中华文化艺术的意义。原先装饰屋脊人兽诸附件，用意在讨吉祥，及至明末，礼教松懈，西学东来，社会动荡，文艺创作力求新奇，遂见小说有金瓶梅、西游记，昆曲有牡丹亭、思凡记，绘画有春宫秘戏，陶瓷有各类奇形异彩。此猴出生，正值明末变动时刻，观其高据屋脊，挥拳动腿，瞋目怒视，张牙咧嘴而吼，神态威猛吓人，果然堪保唐僧一路向西。遗憾的是，最终来波士顿的，只美猴王与天蓬元帅（1982.464）二尊，师父唐僧及师弟沙和尚均下落不明，但愿佛法无边，速送二作回归我馆。

观音塑像

明，万历朝

德化窑，白瓷加葫芦形"何朝宗"印

高：36 厘米

Bequest of Mrs. James Warren

Sever 78.1

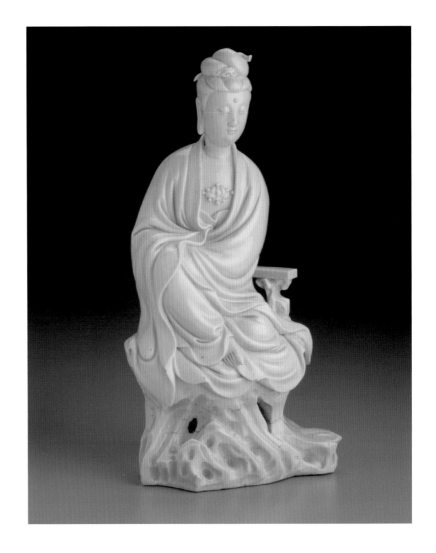

　　为开风气之先，希佛（Sever）夫人于 1878 年率先以先人宝藏的德化观音，慨赠刚刚建成的私立波士顿美术博物馆，成为首件入藏我馆的中国传统艺术品，其意义之重大，影响之深远，非同小可，实非其馀中国外销陶瓷所能梦见。观音形像虽源自印度，然而其所彰显的却全是中国的文化精神。观世音菩萨一入中土，非但救苦救难，而且变天竺男体为汉家女神，在汉传佛教中成为特例。早在本土妈祖信仰普及前，闽浙两广地带，已视救苦救难观世音菩萨为呼唤求救的神明。德化窑位居闽南，其地多信观音为弱势族群的救星，是以所塑观音像，特具慈悲感人之力，就中尤以陶人何朝宗之作为首屈一指。何朝宗（1522－1600），号何来，祖籍江西，生于德化后所村（厚苏村），其父兄均业寺观造像。德化窑烧，明末者呈牙白色，入清后多作惨白状。

大碗

明末，天启朝

德化窑，青花瓷

高：16.5厘米，口径：35厘米

Edward Sylvester Morse Memorial
Fund 1986.236

谈及青花瓷，一般先想到景德镇窑盛产的青花器，而后才是产于各地的仿景德镇青花制品。1986年伦敦的佳士得拍卖行拍出一对同式的德化窑青花瓷碗，由于海外罕见德化青花，我馆遂托伦敦古董商代为物色，几经竞拍，终获二者中品相较佳者。所惜另一碗虽不中看，却有"天启四年"青花款文，足证德化青花大致时期。此碗使用的青料，异于景德镇青花，窑烧后其色闪紫，流动性较大，线条呈散淡状，应非苏麻离青之类。其绘画风格亦富闽地特色，比如屋宇结构多方块形，远峰近岩多重复类似等等。此碗口广体硕，有如外销陶瓷中的水果酒碗（punch bowl），因闽广一带历来多从事外贸，德化窑家或早已垂涎海外青花销路之盛，故而另起炉灶，也生产青花制品，以分一瓢羹。

金莲杯

明末，17 世纪上半

景德镇窑，青花加款

高：5 厘米，宽：10 厘米

Helen S. Coolidge Fund 1989.207

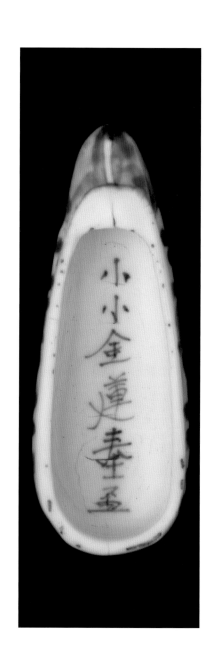

　　明末的中国，社会风气有些迷离松散，一如孔尚任《桃花扇》剧中描述的，文人多有醉生梦死之辈，酒肆歌楼，纵情欢乐，其中所谓风雅之士，更以舞文弄墨，依翠偎红院宇中为能事。世风如斯，难怪景德镇窑人，会投其所好，烧制如此酒杯以应社会需求，又着意加油添醋，写下"小小金莲奉一杯"的挑逗文句，以广招生意，实则杯不醉人人自醉，一旦有人冲冠一怒为红颜，刹那间，河山易色，鸳鸯瓦冷，翡翠衾寒，再无人为小小金莲干杯了。我馆 1989 年赶往荷兰阿姆斯特丹拍卖行，收购荷兰汉学家高罗佩（Robert Hans van Gulik）旧藏的金莲杯，乃着眼于其所代表的中国某种文化，某种艺术，某种时代，某种人物，以及泰西学界的某种情结。此金莲酒杯，体态轻巧，大小正堪盈握，并不以青花纹饰取胜，发人绮思者，尽在缠足杯底的款文间了。

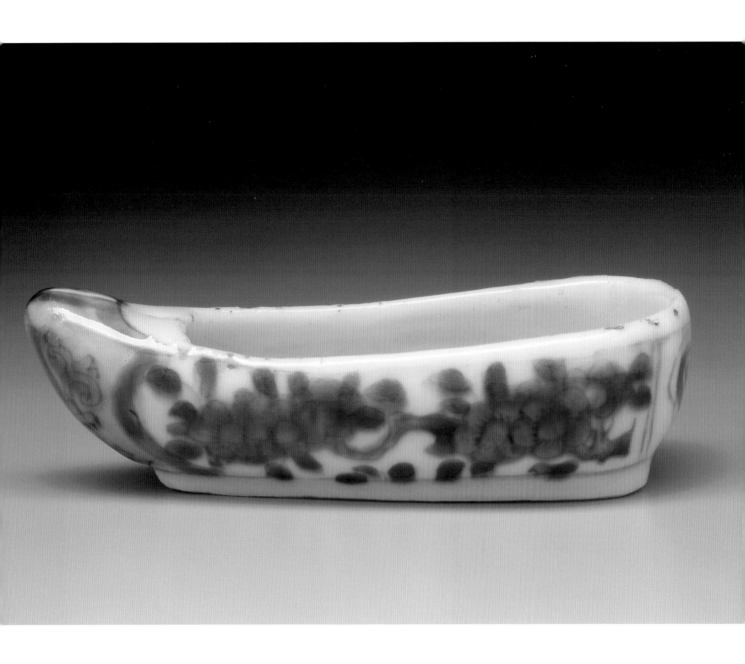

罗汉纹盏托

明末，17 世纪上半
景德镇民窑，青花五彩加款
高：1.5 厘米，宽：20.5 厘米
Anonymous gift 1989.243

明末的中国社会文化，复杂多变，明末的陶瓷也同样多变复杂。而陶瓷之所以复杂，则因官窑不再主导陶瓷业，景德镇的民窑随即蜂涌而起，其产品畅销海外。近邻如日本，其餐饮茶道有大量用瓷之需，遂由民窑补足之。民窑烧瓷少受官府约束，有其发挥想象力的自由空间，于是主随客便，创烧出无数针对日人用瓷的特殊形、色、纹饰。眼前盏托即一佳例，白瓷体上绘制青花五彩罗汉图，阿罗汉手持念珠一串，跌坐蒲团上，坦腹露肩，垂眉含笑，现十分慈悲欢喜相。罗汉的上下左右，加绘道教的云鹤纹，盏托口沿上绘有如意祥云十二朵，画面佛道互映，多彩多姿，确是明末民窑所创的特色。盏托底部，青花篆书"天下太平"四字，虽说佛道亦求太平之世，其实最关心天下事的乃儒者，是君子所追求的修齐治平，太平之世实乃儒家的终生梦想。可以说，此作已传播一统三教的理念于域外。

宜兴水滴

清初，17 世纪下半
宜兴窑，加刻款印
高：4.7 厘米，宽：10.2 厘米
Edward Sylvester Morse Memorial
Fund 41.261

自古以来，制陶瓷者，常以其巧心妙手，化无形为有形，复变有形为神奇之器。就以本书所刊诸陶瓷器论之，早在新石器时代，文明始萌，书契未兴，传黄帝陶官宁封子，为求制陶法术，自身入窑以探火候。宁封子之器不得见，宁封子之说不可信，但馆藏有巫师头的马家窑彩陶罐，似可想见脸面刺青的巫师，披发起

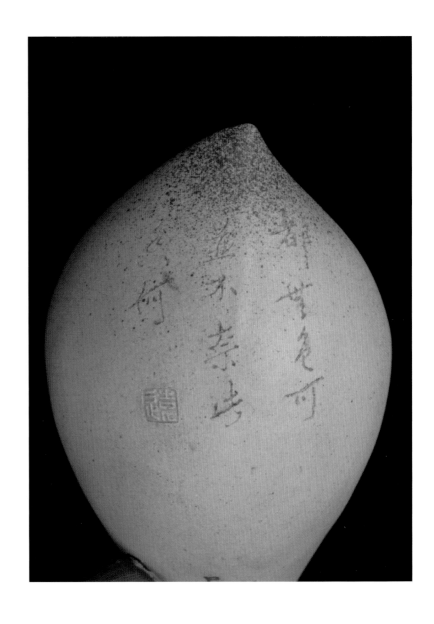

咒，手舞足蹈，祈求神明，以期窑火烧陶功成。果不其然，1961年考古发现江西有古老仙人洞遗址，所出土陶片，经化验，乃世之最早者。按史载商周有"陶氏"族，专责制陶，1932年考古家李济在小屯村宗庙所在地，发现陶片有墨书"祀"字。对古代先民而言，练凡土而成陶器乃奇迹，若非巫者祈神得助，岂能如愿？从彩陶之作到宜兴陶艺之兴，真个是其来有自。本质上，陶艺之道一以贯之，文化内容上，宜兴陶艺所表现的无限风光，已非巫师彩陶所能梦见。我馆的宜兴小水滴，巧构荷瓣如舟形，附莲蓬荷梗下，正堪盛水磨墨之用。器型虽小，名气实大，盖出自名家陈鸣远之手。陶者陈鸣远，号鹤峰，宜兴人，生于紫砂世家，康熙年间制紫砂壶名闻天下。陈鸣远也长于文房摆设，构思精巧，形色乱真，因而声名远播至于异域，时人有"宫中艳说大彬壶，海外竞求鸣远碟"的赞词。他又首开刻诗文私章于文房摆设之风，一时求者不绝于途。我馆的荷瓣形小水滴，即在背面刻行草五言两句："都无色可并，不奈此香何。"下刻朱方篆印"远"字。

过枝花碗

清初，17 世纪下半

景德镇民窑，

加仿宋体款印"昊十九制"

高：5.7 厘米，口径：12.8 厘米

Gift of Paul and Helen Bernat

60.1313

波士顿的美籍犹太人博纳特（Bernat）夫妇，一生酷爱清内府瓷器，长年各地寻访，收藏精到，堪称海外首屈一指者。老夫妇生前对我馆的东方部关爱有加，常捐赠藏品及经费，又为东方部出谋献策，令其他部门艳羡不已。1960 年赠其旧藏白釉过枝花碗，并特告碗底有"昊十九制"四字款文，值得深入研究。博纳特先生说："往年英伦初见此过枝花碗，爱其冰清玉洁，典雅出尘之美，英国藏家原不知'昊十九制'具何意义，今归东方部所有，正应考其史实。"今博纳特夫妇已归道山，赠碗亦逾半世纪有余，东方部历经日籍、美籍、荷籍，以及中国香港地区诸位领导，始终未见答案。晚近网络数现私藏所谓昊十九之流霞盏、卵幕杯，引无数人猜测。其实我馆的"昊十九制"碗，距传闻者甚远。此"昊十九制"碗，既无晚霞飞渡之光彩，又乏蝉翼卵幕之轻薄，实异于李日华、樊玉衡二君所述。惟其诗说："天下知名昊十九"，又说："更有小诗清动人"，可见陶人昊十九的知名程度及文化素养了。再则考其装饰，是在白瓷上画白梅，过枝花的画法，也清楚呈现 18 世纪的康雍年代风格，而且是以仿宋体书写"昊十九制"四字，以上均证明此碗必非嘉靖、万历时人所为，当出自清雍正仿制者之手。

御制碗

清朝，康熙年间
景德镇官窑
高：7.6厘米，口径：14.5厘米
Gift of Paul and Helen Bernat
1974.539

　　以景德镇官窑烧成的瓷
胎，配紫禁城造办处加画的
珐琅彩，正是一代明君清帝康
熙的杰作。康熙帝自然不曾烧
瓷，也未画珐琅，但由于皇上
对泰西新科技的兴趣，以及对
陶瓷业的关注，带动了景德镇
窑务的改革推进，其效果是显
而易见的，内中就包括有博纳
特夫妇慷慨捐赠我馆的数件御
制瓷器。清康熙御制珐琅彩深
蓝地缠枝牡丹纹碗，外壁画四
朵花心各抱一篆字，顺序读作
"寿山福海"，显然乃祝寿特制
品，或即为祝皇上的六十大寿
而制之瓷。

加彩陶瓷

　　早在新石器时代，中国陶人就着意在陶上饰色，考其动机或为美观，或因祭祀，也可能二者均有。虽然史前色料有限，先民仍然创制出灿烂的彩陶时代，历时之久，地域之广，无疑在世界陶瓷史上是罕见的。我馆所藏中国彩陶，虽然为数不少，但限于机遇，品类不多，要以马家窑文化的几种类型为主，而且以马厂期者为重。马家窑期的彩陶器，虽难以窥彩陶全豹，却是中国彩陶时代的重要创作之一（1988.29）。战国时代已开始的硬陶加施釉料工序，及至两汉更为发扬光大。北朝墓葬出土的陶瓷，已见加饰铜绿色之例。待到大唐盛世，后人所谓唐三彩，突然大放异彩（46.478，48.391），恰似满园的姹紫嫣红，一时竞放，个中就包括了使用珍贵钴蓝彩的作品（27.137，50.1927）。创烧唐三彩之风，起因于盛世厚葬的炫富心态，惟跟进的宋、辽、金数代三百年间，则立足于陶瓷艺术的创作，成绩惊人。最感人的乃在于契丹、女真、蒙古、满洲各民族，也与汉族一样，为中华大地的陶瓷艺术勠力同心，做到了艺存古今，术无中外的境界。

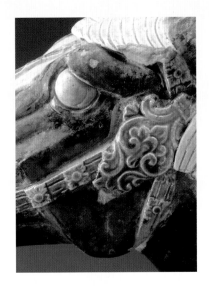
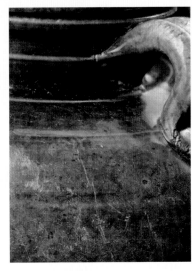
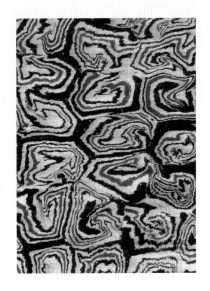

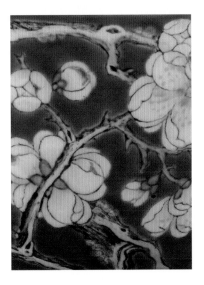

珐琅彩嫩黄地开光
四季花卉碗

清朝，康熙年间

景德镇官窑

高：6.4厘米，口径：12.7厘米

Gift of Paul and Helen Bernat

1977.760

此清康熙御制珐琅彩花卉碗，外壁四个方向，分别精心彩画牡丹、荷花各两次，生动的勾描，配上鲜艳的彩花，对映着天蓝的背景，以及缠枝花的边衬，集结成繁华富丽的团花。此四组团花，又置于娇黄色的瓷地，如此艳姿绝色，叫人心动神摇，倾羡不已。珐琅彩四季花卉碗底，有仿宋体书"康熙御制"四字。

珐琅彩玫瑰红地
画梅花盏

清朝，康熙年间

景德镇官窑

高：4.6厘米，口径：6.5厘米

Gift of Paul and Helen Bernat

60.1314

　　红地梅花酒盏，乃博纳特夫妇最早赠给东方部的佳瓷。清代釉上彩陶瓷工艺发展迅猛，除了见证新朝的新气象外，应是康熙帝对泰西科技之兴趣及重视的结果，其中包括对新法制瓷的推行。已故学者朱家缙先生曾有专论《清代画珐琅制造考》，详述清宫珐琅彩瓷器生产细节。据朱先生考证，珐琅彩瓷的生产，总共约400件，全程均在皇帝控制之下，而所参与者皆可查考。为首主其事者乃怡亲王胤祥，经办者为海望、沈喻、唐英。宋七格掌炼制；邓八格掌操作；胡大有掌

吹釉；太监吴书也是一员。而在宫中画珐琅的列名画家有：意大利传教士郎世宁、本国画工宋三吉、张琦、邝丽南、贺金昆、谭荣、林朝楷等。康熙帝引进欧洲珐琅彩后，总难获得玫瑰红或胭脂红之色。其后才学到，须加真金作呈色剂方能见效。我馆获赠的玫瑰红地梅花盏，当是康熙帝初用真金烧成的釉上红彩例子。中土自巫者练凡土成陶器以来，历经数千载的操作，以氧化铜、氧化铁为呈色剂，最终经清朝皇帝跟西洋教士，方功德圆满，"点金成红"了。

蝶恋花盏

清朝，雍正年间
景德镇官窑
高：4.9厘米，口径：8.6厘米
Gift of Paul and Helen Bernat
61.1254

此蝶恋花小盏，可谓典型的雍正佳瓷，其所呈现的高雅品质，是精致瓷艺与美妙画艺的完美结合。执此一器在手，可感知中国数千年来在陶瓷及绘画方面的成就，也能了解中国文化的庞大体系，从历史中走来，犹如长江东逝水，既有成也有败，既有本土也有异域，既有珐琅彩也有釉里红，不一而足。汇聚到18世纪的清雍正朝，遂绽放出蝶恋花盏这样的奇花，其所代表的非仅是瓷艺或画艺，所呈现的非仅分碗里或碗外，所入目的非仅止蝶或花。那些目虽未见心实会之的感受，经由过枝花的巧思，达到诗意飞越的境界。

碗内是茶是酒，是庄生之蝶飞入碗里？抑或贵妃之花盛开碗外？还是花蝶互为表里，瓷画里应外合，以致二而为一，一而为二？总之，雍正帝在位虽只一十三载，其瓷艺却已千古。

墨彩山水笔筒

清朝，雍正年间
景德镇官窑
高：13.1厘米，口径：17.2厘米
Gift of Paul and Helen Bernat 57.748

中国历代陶瓷器，总少不了各种装饰，只不过程度上大有差别，早期彩陶的饰纹多抽象几何形，后期瓷器出现以绘画为纹饰的风格。及至元朝、清朝等外族入主中原，竟然利用中国传统绘画，以增益美化制品，个中尤以清朝为盛。清朝帝王中，雍正制瓷最近汉人的审美观，以其特为含蓄典雅之故。雍正瓷少点康熙的霸气，却较乾隆多点骨气。这墨彩山水笔筒，正是出于雍正朝，如此清新高雅的文房瓷作，似乎只为造就一个特殊的目的，雍正帝一心要以白瓷为白纸，以洋彩（sepia）为墨彩，烧制出永不退色的水墨画图，书生文房得这等清雅精致摆设瓷，自当增光匪浅。今喜得摄影之助，可展观笔筒外壁全幅山水，知其风格近乎清初查士标（1615—1698），而无关四王路数。此器底面画成仿木纹理，中心一圈，青花楷书"雍正年制"四字。笔筒内底部，珐琅彩绘落花二三，雍正瓷碗，亦见有作散花者，不明用意何在。

墨彩山水盖碗

清朝，雍正年间

景德镇官窑

高：6.8 厘米，口径：14.5 厘米（碗）

高：3.8 厘米，口径：15.4 厘米（盖）

Gift of Paul and Helen Bernat

59.23a–b

此碗外壁所画的墨彩（sepia）山水，考其笔法布局，绝似我馆墨彩笔筒所画者，或出一人之手。所异于墨彩笔筒的地方，乃在启盖之后，立见有五种珐琅彩绘的花果，散落碗心。然而并不像笔筒底部那样的落红无主，这碗心花果的作用，应具助兴之意，试想一待绿茗入碗，犹未及润唇沾齿，眼角已自察觉，浮动茶汤间，花果若有若无的隐现于碗心。品茗之乐，或因碗心浮动的花果而为之一粲？此器底有青花楷书"大清雍正年制"六字款。

珐琅彩仿铜三供

清朝，乾隆年间

景德镇官窑

高：13.4 厘米（鼎）

高：14 厘米（瓶）

Gift of Paul and Helen Bernat

1973.514—516

所谓三供五供，均是自古祭祀礼器的遗制，新石器时代以陶为之，夏商周以铜为之，及至乾隆更以瓷仿铜而为之，变通虽繁，行礼如仪则一。此套仿铜三供，虽具"大清乾隆年制"篆款，然而尺寸偏小，非庙堂之器，或为宫寝私用者。以珐琅彩模仿青铜礼器的纹饰样式，景德镇窑人可谓设想周到，做工精巧，不过，窑人有得有失，所失者在于未见三代青铜礼器之原物，以至造型纹饰不无失误，其实清宫藏铜多且精，只不过并非景德镇的陶工窑人所轻易得见者。考虑到窑人所处环境，能创制出我馆的仿铜三供实属非易。虽有错失，亦自可爱可玩。

御诗笔筒

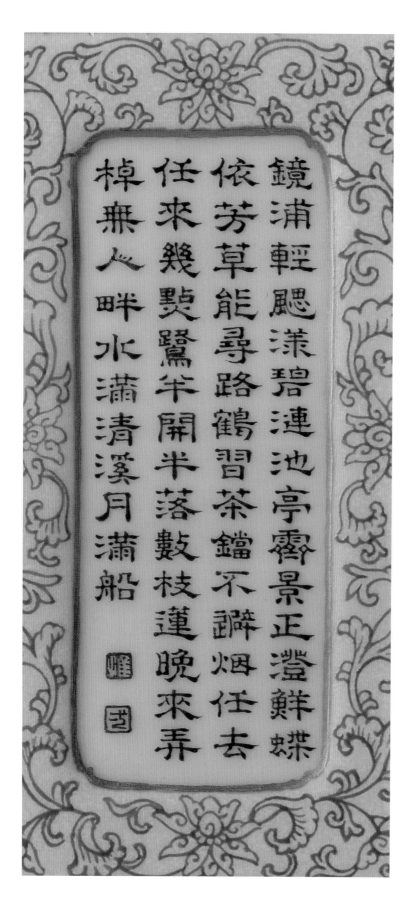

清朝，乾隆年间

景德镇官窑

高：10 厘米，宽：6.6 厘米

Gift of Paul and Helen Bernat

1983.516

博纳特（Bernat）夫妇从未习汉文，原不知御诗笔筒有何意义，他们1951年访瓷伦敦之时，偶遇此筒，发现中藏一纸，乃英伦名汉学家亚瑟·伟利（Arthur Waley）1937年手书其对笔筒乾隆御诗的英译。由于被英译诗感动，博纳特先生遂爱诗而及筒，高价购归。把玩三十余年后，他以御诗笔筒非西方人所能了解，应归博物馆公诸于众，我馆东方部无功受惠，实深感激。按清初诸帝受汉化颇深，其中以乾隆帝最雅好汉诗，吟唱不止，题写不休。此笔筒四面各隶书七律一首，其下虽有珐琅彩画联珠文御章，论笔迹应非乾隆帝御题。筒底篆书"大清乾隆年制"六字款。

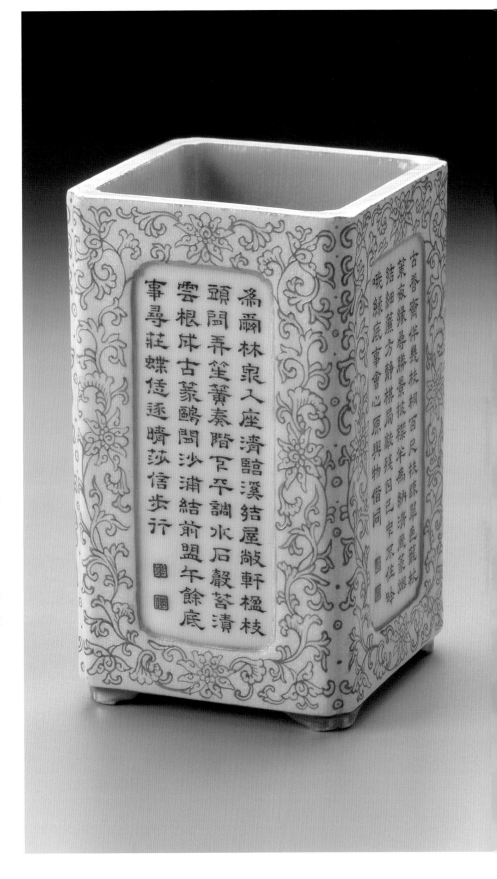

大碗

清朝，乾隆末年
景德镇窑，广州装饰
高：15.3 厘米，口径：34.9 厘米
Gift of the Winfield Foundation
51.773

作为中国外销瓷，这件大碗或是针对英国的市场，准备在宴会时盛水果酒用。碗外壁以墨彩（sepia）仿英国铜版画的打猎风景，只不过猎人猎犬和马匹虽仿英国风格，所处的风景却全是中国的山水画。如此中英合璧

的画法倒也别开生面。此外，碗心更有非比寻常的画面，不知是景德镇窑人或者广州画瓷人，竟临摹了文艺复兴时神话的"维纳斯之诞生"。这乾隆碗里的维纳斯，似受波提切利（Botticelli）名作的影响，但也可能别有所本，总之裸体则同。只是乾隆的维纳斯，少了长长秀发，少了立足贝壳，也无人为她披衣蔽体，以至于露出"马脚"。显而易见，乾隆维纳斯既现一双小脚，又见一对小乳，这类"马脚"，恐非乾隆朝的中国陶人，一时半刻所能会意得了的。

术语表

碱釉 （Alkaline Glaze）

釉中含有碱性元素（化学活性元素，如钾、钠等，位于元素周期表第一列）和碱性土（如元素周期表第二列的钙、镁等）。加入这些元素作为助熔剂，可降低釉的烧成温度。

观音 （Avalokiteshvara）

Avalokiteshvara 是佛教中观音菩萨的梵名。菩萨具有大慈悲。尽管在印度和中国，观音菩萨原为男相，但在唐末、五代的汉传佛教中，他演变为女性的形象。

辟邪 （bixie）

汉字谐音有"避邪"之意。这种中国神兽的产生，是受到狮子的启发。

中国白 （blanc de chine）

参见"德化瓷器"。

钵多罗 （boduoluo）

钵盂（patra）汉译名，源于佛教徒化缘所用的一种碗。

博山炉 （boshanlu）

博山炉因炉盖似传说中的海山名山博山而得名，有铜、陶二类，陶器者多为陪葬明器。它是中国最早，最广为人知的香炉。

布袋 （budai）

亦称布袋和尚，为五代后梁时僧人。他形象胖硕，荷布袋，在欧美以"笑佛"为人熟知。是由后来的汉传佛教创造的，曾影响其他亚洲国家的佛教艺术作品。

凹弧 （Cavetto）

一般指碗或盘的弧腹部分。

青瓷 （celadon）

一种有玉质感的中国青釉瓷器。青瓷之色来自氧化铁，且在还原气氛之下烧成。Celadon 之名源于欧洲，出自 17 世纪法国于尔菲（Honoré d'Urfé）的小说《阿丝特蕾》（*L'Astrée*），因其主角色拉顿（Céladon）常着青衣。

长沙窑瓷器 （Changsha ware）

唐代湖南长沙生产的一种瓷器。这种瓷器使用的胎土较粗，有时在器型上须用化妆土。长沙窑瓷器是杰出的，因为器表装饰颇具新意，是最早采用釉下彩绘装饰的中国瓷器。多施黄绿釉，一些细部还采用了浅浮雕的方法。

茶叶末釉 （chayemo）

茶叶末釉，得名自略带金褐斑点的青棕釉色。茶叶末釉的氧化铁含量高，往往是在窑中欠烧而成，否则釉色会发黑或呈深褐。在唐代，这一效果的发现可能只是偶然，但后来，人们学会了制作它。

磁州窑瓷器 （Cizhou ware）

十分常见的一种瓷器，产于河北漳河和滏阳河一带"瓷器之州"（磁州）的窑址。类似的器物在北方其他省份也有生产。胎土氧化铁含量高，因此胎色一般较深，表面纹饰采用生动的剔划、绘画、压印等方式，使用褐色或黑色等色彩在白色背景上进行装饰。磁州窑瓷器出现于北宋时期，到金代及元明仍有生产。

冰裂纹（crackle）

釉上的网状裂纹，为了中国瓷器的装饰效果而刻意制作出来的。

开片（crazing）

釉上的网状裂纹。它是由釉和胎在冷却过程的收缩差异而形成的。

德化瓷器（Dehua wares）

指闽南德化地区窑址生产的白胎厚釉瓷器（Porcelain）。此窑产物包括流行的佛道塑像，和各类日常器皿，也生产青花瓷。尽管德化窑至少在宋代已经兴起，直到明代中期才享誉于世。这种白瓷在西方一般被称为"中国白"（blanc de chine）。

鼎（*ding*）

三足圆形器皿，仿自古代青铜礼器。

定瓷（Ding wares）

中国北部河北省曲阳县定窑生产的瓷器（Porcelain）。定窑瓷器进贡御用。定窑陶工以擅烧精致的"象牙白"瓷器著称，同时也烧制酱釉、绿釉、黑釉和其他釉色的瓷器。一些定窑瓷碗的口沿，以金或其他金属镶边。

石景山娘娘[①]（Divine Mother of Shijing Mountain）

道教神祇。石景山在今北京西郊。

陶器（Earthenware）

吸水率较高的陶器，烧成温度相对较低，一般在

850～1100 摄氏度，它在烧制时未能完全玻璃化。

珐华器（*fahua* porcelains）

通过刻划或制作凸起的方式，控制颜料的走向，使器皿呈现出景泰蓝的效果。许多珐华器产自山西省，不过一些精致的珐华器在江西景德镇的窑场也有烧造。[②]

方鼎（*fangding*）

一种四足方形器物，造型源自古代青铜礼器，用于烹煮食物。

五岳（five sacred mountains）

五座真实的大山。在中国神话中，据说它们是圣贤神仙居住的地方，因此十分神圣。古时他们包括东岳泰山（山东）、西岳华山（陕西）、北岳恒山（河北）[③]、南岳衡山（湖南）和中岳嵩山（河南）。

助熔剂（flux）

降低熔点的材料，用于陶瓷的胎、釉上。

陈设器（garniture）

garniture 是一个西方术语，指装饰性的陈列摆设。这些器物原型为中国瓷器或金属器，但是器型稍有不同。中国用这些成套的器物充当礼器——花瓶和其他器类，并把这些器物摆放在神像前的供桌上。

釉（glaze）

瓷器表面的玻璃层，可装饰和帮助密封陶瓷胎体。釉一般由二氧化硅和氧化铝组成，同时会添加一些助熔剂。此外还会添加其他元素用以调整釉色。

---

① 见前注，疑其所指为石景山的碧霞元君。——译者注

② 山西法华器多为陶胎，江西景德镇法华器多为瓷胎。此处所指为文中提到的瓷胎法华器，因此用 Porcelain。——译者注

③ 作者所指为汉代至明代的北岳恒山，即河北保定的大茂山。明末清初，北岳恒山被改为山西浑源天峰岭。今天北岳恒山一般指后者，前者被称为古北岳恒山。——译者注

罐（*guan*）

一种大口、器肩高耸的器型。

官窑（Guan wares）

相对于民窑，官窑烧制供进贡御用瓷器。很多器物都有"官"字款。这个款识表明它们用于宫廷。这个字与器型"罐"无关，虽然发音相同，但"罐"是另一个汉字。

观台窑（Guantai wares）

灰胎瓷器（Stoneware），乳白釉。此类器物原来与磁州窑瓷器归为一类，不过现在被分别出来，是中国北方河北省观台窑的产品。此窑活跃于北宋至金代。①

观音（Guanyin）

佛教中的大慈大悲观音菩萨，在中国一般为女性形象。（参见上文 Avalokiteshvara 条）

过枝花（*guozhihua*）

汉字有"过墙花枝"之意。它指一种越过了器物边沿，使器内、器外图案相连的装饰风格。这类装饰在中国盛行于明代晚期——稍晚于流行在桃山 - 江户时代（17 世纪）的日本原型。

"兔毫"（"hare's fur" glaze）

建窑瓷器——特别是茶盏，采用的富含铁元素、深褐近黑或深蓝近黑的亮釉。这个名称反映出或金色、或锈色、或银色的细条纹，弥漫于釉中的效果。它使釉面获得一种细如兔子身上毫毛，晶莹发光的效果。

盉（He）

瓷器壶的一种，造型源自古代青铜礼器的一种酒器。

铁锈斑（"heaped-and-piled" effect）②

一种可能由氧化铁杂质造成的黑色斑点，出现于元明之际制作青花瓷的氧化钴中。

壶（*hu*）

大型水器，有时带盖。这种器型也是模仿早期青铜礼器的器型之一。

花浇（*huajiao*）

这是一种水杯，球腹平底，其器型来自西亚。根据明代文献的描述，它用于浇花。

加彩（*jiacai*）

指在瓷器釉上增加多种色彩的方法。加彩技术出现于磁州。陶工可直接把色彩画在烧好的瓷器釉面上，然后再低温二次烧成。

建窑瓷器（Jian wares）

北宋至元早期，福建省建阳附近烧制的瓷器（Stonewares）。尽管建窑早期致力于烧造青瓷，但在宋代以擅烧深色釉的茶碗著称。瓷胎一般为深灰，胎质粗糙。瓷釉厚实，釉色一般在深棕至深黑之间。

绞胎（*jiaotai*）

一种可以呈现大理石效果的技术。可能是受到近东地区大理石花纹玻璃器的启发，中国陶工在唐代开始采用绞胎或绞釉技术，生产具有大理石花纹的陶瓷。绞胎技术是将不同颜色的瓷土（多用棕色与白色）拧在一起，然后切割成片，继而利用这些横切片模制成型，进行烧造。

《金瓶梅》（*Jin ping mei*）

《金瓶梅》常被译为 *The Golden Lotus*（《金莲花》）。它是一部明代市井小说，有时在欧美会被比作意大利

---

① 观台镇在河北磁县。一般认为观台窑址为磁州窑的中心窑场之一。此处作者的论述或有失精准。——译者注

② 从字面上来看，似翻译为"凝聚斑"效果为宜。不过从作者解释来看，此短语实际应指"铁锈斑"效果。——译者注

14 世纪的名著《十日谈》。这本小说的色情主题，和传统上小说在中国地位卑下的原因，作者用了笔名"兰陵笑笑生"，他的真实身份至今不明。

锦上添花（*jin shang tian hua*）

字面上是"添加花朵于锦绣"的意思。这是一句吉利话，意思是给已经够好的东西增色。采用此名的装饰图案有锦鸡和花枝，这是基于视觉双关。"锦"字一般指锦缎或刺绣，但在图案中用锦鸡来代表，因为它的名字带了"锦"字。

景德镇瓷器（Jingdezhen wares）

自 11 世纪，江西省景德镇众多窑场开始生产瓷器（Porcelain）。随着青花瓷于 14 世纪左右创制成功，景德镇成为中国瓷器生产的中心，直到今日。

吉州窑器（Jizhou stonewares）

吉州窑器是由江西省吉州窑场生产，是以深色釉为主的瓷器。吉州窑器物因其对施釉和装饰方面的创新而引人注目。它经常采用剪纸贴画、玳瑁釉、木叶贴花的方式进行装饰。

钧窑瓷器（Jun wares）

钧瓷创烧于北宋晚期的开封附近地区。典型的钧瓷胎体较厚，釉色明艳，往往有天青、紫、红等色彩。钧瓷非常流行，在中国和海外常被仿制。

军持（*junchi*）

是 kundi 或 kundika 的汉译名称。军持源自印度，其器原型是行脚僧用的水器。它往往与化缘钵配合使用。

橘皮（*jupi*）

一种轻微起皱的釉面效果。

高岭土（kaolin clay）

这是江西景德镇高岭山出产的高质量白色瓷土的西方译名。

kundi 或 kundika

军持的梵语名称（见上）。

老君（Laojun）

即公元前 6 世纪的哲学家老子（或作"Lao-tzu"）。东汉末，他被尊奉成道教的创始者，尊为太上老君，老君是省称。"老"或为姓氏，而"君"有君主之意。

铅釉（Lead glaze）

一种主要以氧化铅做助熔剂的釉。

李铁拐（Li Tieguai）

是八仙中没有历史真实人物的传说人物。形象是脸色黝黑，发蓬乱，瘸腿拄铁拐杖。

莲（*lian*）

中文"lotus"或"water-lily"的名称。由于与"年"谐音，它的形象，特别是并蒂莲的形象，往往用来象征恩爱、高洁。

琉璃釉（liuli glazes）

是一种多彩的铅釉，烧成温度较低。最早见于宋代，与唐代常见的三彩关系密切。它像三彩一样，也被用做多彩的墓葬装饰和建筑陶瓷。尽管琉璃釉应用广泛，但它们应原产自山西。山西出产了很多精美的琉璃器。

龙泉窑（Longquan wares）

尽管这个名称泛指多种窑器，但主要指浙江龙泉众多窑址生产的高质量青瓷。龙泉窑的烧造始于宋代，至明代仍有生产。龙泉陶人生产的青瓷极为精细优雅。龙泉青瓷胎色灰白，胎质坚实，与其朴素的装饰、玉质感的釉色相配，十分雅致。

龙窑（*longyao*）

龙窑以其沿山坡而建的极长窑身而得名。这些窑以柴为主要燃料，最早出现于中国战国时代的南方地区，颇有效率地达到了烧制高温瓷器所需的温度。唐、宋、元、明时期，这类窑使用广泛。

马家窑陶器（Majiayao pottery）

它是新石器时代仰韶文化[①]持续生产了约2000年后的陶器。常见于公元前5000年左右中国西北地区的黄河、渭河一带。此文化类型的陶器主要用泥条盘筑法制作。胎色浅黄、赭红皆有，有时有陶衣。常在器体上半部，装饰涡流状的点线图案，这种图案可能代表了象征性的宇宙。器体下半部往往素面。

毛人（maoren）

中国神话中身长长毛，能飞行的仙人，有时会被描绘在陶瓷上。

梅瓶（meiping）

梅瓶是一种器型较高，小口、耸肩、窄足的酒瓶，很可能是用来盛梅子酒的。

梅子青（meiziqing）

梅子青釉是13—14世纪龙泉窑使用的一种颜色较深的青釉。

摩合罗（moheluo）

一种由男孩、莲叶构成的图案。宋代的年轻女性在七夕节的第七天展示这种摆设，来表达她们求子的心愿。这个名词可能源于梵文，但是却和佛教、印度教信仰毫无关系。

氧化气氛（oxidizing atmosphere）

指烧窑过程中，氧气供给尽可能充分的烧窑条件。烧成温度较低的陶瓷在氧化气氛中烧成后呈红色。烧成气氛也会影响釉色。

钵（patra）

是中译名钵多罗的省称，它是僧人化缘用的碗。

瓷器（porcelain）

一种白色、不透明、高温制成的器物，质地致密，敲则清脆有声。

青白瓷（qingbai wares）

青白瓷主要生产于中国南部地区，特别是江西省。质量较高的器物则产于景德镇。青白瓷器最早出现于宋代，其流行至少持续至14世纪。上品一般胎体轻薄，釉色透明，泛青白光泽。

青花（qinghua）

青花瓷，一种用釉下钴蓝彩装饰的瓷器。青花瓷起源唐代而盛产于14—15世纪，它是陶瓷中少见的既流行于国内、又用于外销的名品。

还原气氛（reducing atmosphere）

指烧窑过程中，限制氧气供给的烧窑条件。这种气氛中烧成的陶瓷多呈灰色或黑色。烧成气氛也会影响釉色。

汝窑瓷器（Ru wares）

北宋时期都城开封（位于今河南省）附近官窑生产进御瓷器。胎色白中泛黄，它以底部釉面因烧瓷支撑而留下的细小支钉痕、优雅的器型、精致的浅青蓝釉色、及颇具特色的开片为特征，是古今鉴藏家珍爱的瓷种。

如意（ruyi）

字面上是"如你所愿"的意思。这里是指一种艺术性的云头纹，这种纹饰重复成组可装饰器物边缘，或形成装饰带。这一图案来源于道教仪式中所用的礼器"如意"的头部。

---

① 马家窑文化和仰韶文化应是新石器时代两种不同的文化类型，此处应为作者之误。——译者注

三彩釉（*sancai* glaze）

三彩釉始于初唐，一般用在盛唐及辽金釉陶上。所谓"三彩"，实际上由多种颜色构成，包括绿、黄、白、褐、黑和蓝色等，这些颜色可用于同一件陶器上。三彩釉往往施用于明器上。

三寸金莲（*sancun jinlian*）

"三寸金莲"，是一种带有色情意味的文学用语，主要指妇女因缠足而形成的病态足形。

篆书（seal script）

在汉代之前流行的一种古老字体，由于篆字结体对称，而且在笔触粗细方面较其他字体变化少，因此被用于篆刻，也常见于书法艺术，直至今日。

剔花（sgraffito）

一种装饰技法。它是将一种颜色的化妆土施于另一种颜色的胎上，然后通过剔去化妆土，显露出下层的胎色的方法形成图案。

狮子（*shizi*）

lion 的中文名称。中国无狮，东汉始见进口真狮，所以很多形象更似犬而非狮子。

寿山福海（*shou shan fu hai*）

一种传统的祝词或装饰，寓意是"寿比南山，福如东海"。

双勾（*shuanggou*）

原为画法之一，字面翻译为"两次勾勒"，这一画法用于青花瓷的装饰，指先勾勒图案轮廓，再在轮廓中填以青料。

化妆土（slip）

它是用水和较细腻的胎土调成泥浆，涂在陶瓷表面形成较光滑洁白的外表。然后可在上面绘彩、剔刻或直接施釉。

支钉痕（spur marks）

位于瓷器底部或器内的痕迹，是因在窑内支烧而形成的。支钉痕的大小、形状、颜色和位置，有时能帮助鉴别窑口。

炻器（stoneware）

一种不渗漏、玻璃化的硬陶，一般烧成温度在 1100 度左右。

饕餮（*taotie*）

一种高度象征性的动物面部图案，有时指"食人兽面"，其主要特征是摄人心魄的眼睛。这种图案常见于商周铜玉礼器，也会用于仿铜陶瓷器上。

剔犀（*tixi*）

一种漆器工艺。在胎骨上先后髹以不同颜色的漆，然后雕刻图案，断面显露出不同颜色的漆层，由此形成大理石般的效果。最早见于唐代。

西游记（*Xi you ji*）

小说《西游记》创作于明代，作者是士大夫吴承恩。《西游记》讲述了唐僧玄奘到天竺求取佛经并带返长安的小说。在天生神力的猴王孙悟空，以及猪八戒、沙悟净的护卫下，玄奘经历了一系列险难后，终于达到求经目的。

西关窑①（Xiguan wares）

中国北部河北河间西关村窑场生产的瓷器。这些瓷器灰胎、刻划精细、施白化妆土、釉色牙白。

心（*xin*）

"heart"的中文，偶尔用于装饰。

邢窑（Xing wares）

唐代白瓷，产于邢州窑场，即今天河北内丘一带。

---

① 如前注，作者对西关窑的产地或有误会。——译者注

伴随着当时日益增长的饮茶习俗，其如玉的釉色，呈现出悠闲的雅致。

匈奴（Xiongnu）

亚洲草原的强悍游牧民族，往往被视为野蛮人。他们与秦汉帝国有几个世纪的争战，直到公元前1世纪左右才被驱赶到西亚。

玄武（*Xuanwu*）

它是北方保护神，道教的四神之一。字面上有"黑色武士"之意。其形象有时是由蛇与龟组合而成，蛇、龟是"阴"与"阳"的具体呈现。

羊（*yang*）

"ram"的中译，即公羊。在古音中，它与"吉祥"的"祥"同音，因此被用来象征对幸福和繁荣的祝愿，或者用于对死者的礼仪供奉（不要与道教阴阳概念中的"阳"混淆，"阳"是另一个同音异形字）。

耀州窑瓷器（Yaozhou wares）

宋代耀州地区（今陕西北部）的名窑。耀州瓷器跻身于北宋最好的青瓷行列，并因其技术改良而著称。往往在半透明的橄榄绿釉之下，装饰以压印、刻画、模制的花纹。花纹优雅而清晰。

宜兴窑器（Yixing stonewares）

江苏宜兴窑的产品。尽管宜兴早在汉代就已经出现了制造陶瓷的活动，但主要以其明清时期极富创意的无釉茶器著称。直至今日，宜兴陶工所用的陶土仍然颜色变化丰富、可塑性强，能够生产出与众不同的装饰效果，让人浮想联翩。

越窑器（Yue wares）

战国时代越地（位于今浙江省）出产的大量陶瓷。由于这一地区窑场生产时间长久，"越窑"这一名称也被用于称呼后来汉至宋代，浙江至江苏一带生产的陶瓷器，特别是青瓷产品。

造（*zao*）

瓷器款识。"正德年造"，意思就是正德皇帝年间制造的意思。"造"这个字不像"制"这么正式。它是指瓷器本身可能是为私人制作的，而不是用于宫廷。

制（*zhi*）

瓷器款识。"大明正德年制"，意思就是大明正德皇帝年间制造的意思。"制"比"造"正式，可能暗示了瓷器是为宫廷生产的。

尊（*zun*）

一种大口式的器型。它借鉴了早期青铜礼器的型式来制造瓷器。